Julian Nida-Rümelin
Über Grenzen denken

Julian Nida-Rümelin

Über Grenzen denken

Eine Ethik der Migration

Bibliografische Information der Deutschen Nationalbibliothek

Die Deutsche Nationalbibliothek verzeichnet diese Publikation
in der Deutschen Nationalbibliografie; detaillierte bibliografische
Daten sind im Internet über http://dnb.d-nb.de abrufbar.

© edition Körber-Stiftung, Hamburg 2017
Umschlag: Groothuis, www.groothuis.de
Coverfoto: © Andreas Müller Fotografie / Berlin
Herstellung: Das Herstellungsbüro, Hamburg |
www.buch-herstellungsbuero.de
Druck und Bindung: CPI – Clausen & Bosse, Leck
Printed in Germany

ISBN 978-3-89684-195-7

www.edition-koerber-stiftung.de

Inhalt

Vorwort

Die europäische Flüchtlingskrise mit ihrem Höhepunkt
in den Monaten September 2015 bis März 2016 scheint
vielen Beobachtern unterdessen weitgehend behoben
zu sein. Die Zahl der Immigranten ist deutlich zurück-
gegangen, die Schließung der Balkanroute und die Ver-
einbarung zwischen der EU und der Türkei wirken. Die
Lage scheint sich zu beruhigen, und die politischen
Aufgeregtheiten lassen nach. Man darf sich jedoch von
dieser Entwicklung nicht täuschen lassen. Die Fluchtursachen bestehen fort, die Situation in Nordafrika und
im Nahen und Mittleren Osten hat sich nicht beruhigt,
und Millionen Menschen in Afrika südlich der Sahara
hoffen darauf, ihr Land verlassen zu können, wenn sich
die politische, ökonomische und soziale Lage nicht deutlich bessert. Es ist zu erwarten, dass sich die Versuche,
über das Mittelmeer nach Europa zu kommen, wieder
verstärken werden und der Migrationsdruck eher zu- als
abnehmen wird.

Die Bundesregierung hat unterdessen eine Kehrtwen-
de vollzogen. Von »Willkommenskultur« ist kaum noch
die Rede, Abschiebungen werden ausgeweitet, und das

Aufenthaltsrecht wird restriktiver gehandhabt. In den USA beabsichtigt der frisch gewählte Präsident, eine Mauer zu Mexiko zu bauen, viele Millionen illegale Einwanderer auszuweisen und die Einreise aus einer Reihe muslimischer Staaten vollständig zu unterbinden. Die Einwanderungspolitik ist weltweit zu einem zentralen Thema geworden.

Der Streit um Globalisierung, um Freihandel und Sozialstaatlichkeit verschärft sich in den westlichen Ländern, diesseits und jenseits des Atlantiks. Der Rechtspopulismus setzt auf die Mobilisierung der einwanderungskritischen Bevölkerung, liberale Kräfte halten dagegen und betonen die Einheit von wirtschaftlicher und kultureller Globalisierung, sie befürworten nicht nur den freien Fluss der Güter und Dienstleistungen, sondern auch einen von staatlichen Grenzen nicht beschränkten Arbeitsmarkt.

In dieser Situation ist es notwendig, über die Rolle staatlicher Grenzen neu nachzudenken und die ethischen Aspekte von Migration und Einwanderungspolitik zu diskutieren. Die politische Praxis und der öffentliche Diskurs befinden sich ganz offenkundig in einer Orientierungskrise, die sich zu einer Gefährdung der liberalen und sozialen Demokratie auswachsen kann, wie die Wahlerfolge rechtspopulistischer Kräfte belegen.

Die Flüchtlingskrise zwingt zu gedanklicher Klarheit, die nur zu haben ist, wenn man sich von lieb gewonnenen Dogmen verabschiedet. In diesem Essay soll eine Brücke zwischen Ethik und Politik geschlagen werden, die im günstigsten Fall dazu beiträgt, die gegenwärtige Orientierungskrise zu beenden.[1] Wer sich auf diese Brücke begibt, geht keinen einfachen Weg. Man kann sie nur betreten, wenn man bereit ist, die eigenen Vorurteile einer kritischen Prüfung zu unterziehen und empirische wie normative Fakten anzuerkennen.

Es war beeindruckend zu sehen, in welchem Maße die einheimische Bevölkerung in Deutschland während der Flüchtlingskrise Hilfsbereitschaft zeigte. In meiner Heimatstadt München, für einige Monate Ende 2015/Anfang 2016 das Nadelöhr der Immigration, war sie besonders ausgeprägt und die Gegenbewegung aus PEGIDA und Nahestehenden auffällig schwach. Ohne die Hilfe der zahlreichen Freiwilligen, ohne die Spendenbereitschaft, die Pflegeeltern für unbegleitete minderjährige Flüchtlinge etc. wäre die im Ganzen beachtlich humane Aufnahmepraxis in Deutschland in jenen Monaten nicht zu bewältigen gewesen. Diese »Willkommenskultur« bleibt ein großes Verdienst von Staat und Zivilgesellschaft. Dies anzuerkennen, steht nicht im Widerspruch damit, dass Migration in dieser Form und diesem Umfang nicht das geeignete Mittel ist, um auf Armut und Not zu reagieren, und dass eine Politik der offenen Grenzen nicht nur das aufnehmende Land längerfristig vor große Probleme stellen, sondern auch erfolgreichere Methoden der Bekämpfung von Not und Elend im globalen Süden blockieren würde.

Es ist ein Skandal, dass nach wie vor über zwei Milliarden Menschen der Erdbevölkerung in extremer Armut verharren, unter Hunger und Unterernährung, fehlender medizinischer Versorgung, fehlenden Bildungs- und Ausbildungsmöglichkeiten leiden[2], obwohl die Weltwirtschaft boomt und es mit einem winzigen Bruchteil der weltweiten Wirtschaftsleistung (0,5 %) möglich wäre, dieses Unglück zu beheben. Den betroffenen Menschen aus den Armutsregionen der Welt fehlen jedoch die Mittel, um nach Europa oder in die USA zu migrieren. Der größte Teil der Flüchtlingsströme der Welt hält sich im lokalen Rahmen.

Zu den unangenehmen Tatsachen gehört, dass die Flüchtlingsbewegungen Richtung Europa, speziell nach Deutschland, auch Folge eines vom Westen mit zu verantwortenden politischen Chaos in Nordafrika und im Nahen Osten sind. Vor allem der Irakkrieg, die Unterstützung der syrischen Opposition, die Destabilisierung der nordafrikanischen Diktaturen, der neue Religionskrieg zwischen Sunniten und Schiiten samt all der zahlreichen örtlichen Konflikte haben eine Weltregion in eine tiefe Krise geführt, deren wirtschaftliche Entwicklung auch wegen autoritärer Herrschaftsstrukturen zwar über Jahrzehnte stagnierte, die aber doch von einem im Vergleich zu weiten Regionen Afrikas und Südasiens gehobenen Lebensstandard und Bildungsniveau geprägt war.

Die Hoffnung, dass eine Demokratisierung der Länder Nordafrikas und des Nahen Ostens die sozialen und kulturellen Konflikte mäßigen könnte, hat sich bislang als trügerisch erwiesen. Der letzte Auslöser der Flüchtlingskrise war jedoch die mangelnde internationale Solidarität gegenüber den Anrainerstaaten, die die Bürgerkriegsflüchtlinge teilweise in sehr großen Zahlen aufgenommen hatten (Libanon, Jordanien, Türkei, nicht dagegen die Golfstaaten). Auch Deutschland hatte es an der gebotenen Solidarität fehlen lassen, sogar gegenüber den südeuropäischen Zielländern der Flüchtlinge aus dem arabischen Raum und Afrika, wie Italien, Spanien und Griechenland, also EU-Mitgliedsländern.

Zu den unangenehmen Tatsachen gehört, dass das Elend von über zwei Milliarden Menschen auch unter den Bedingungen großzügigster Willkommenskultur und offener Grenzen in den reichen Ländern dieses Globus nicht nennenswert zu mildern wäre. Schlimmer noch: Diejenigen, die ihre Familie zurücklassen, die sich auf einen beschwerlichen und oft gefährlichen, immer aber kostspieligen Weg in die nördlichen Gefilde machen, gehören in aller Regel zu den Jüngeren, den Qualifizierteren, die in den Heimatländern dringend benötigt werden. Die Hoffnungslosigkeit der Lage in den Herkunftsregionen verstärkt sich durch ihre Auswanderung in den meisten Fällen.

Die Tatsache, dass Auswanderung auch positive Effekte in den Herkunftsregionen haben kann, in Gestalt der Unterstützung zurückgebliebener Familienmitglieder, in Form neuer Kooperations- und Mobilitätsmöglichkeiten, auch als Kompetenzgewinn durch Rückkehrer, darf den Blick auf die großen Zusammenhänge nicht verstellen. Diese positiven Effekte treten in einer Welt weitgehend geschlossener Grenzen auf, die transkontinentale Migration auf einen sehr kleinen Prozentsatz der Weltbevölkerung beschränken. Eine Welt mit offenen Grenzen und freier Migration würde zu gewaltigen Bevölkerungsverschiebungen führen, die selbst die sogenannte Völkerwanderung der Spätantike in den Schatten stellen würde. In den Herkunftsregionen aller massiven Migrationsbewegungen in der Vergangenheit waren die Wirkungen überwiegend negativ. So haben sich ganze Landstriche des europäischen Südens von der massiven Auswanderung in beide Amerikas über Jahrzehnte nicht erholt, oder, um ein Beispiel aus der jüngsten deutschen Geschichte zu nehmen: Die Entvölkerung weiter Teile Ostdeutschlands infolge jener ökonomisch unklugen Schockvereinigung der vormalig getrennten deutschen Staaten ohne Übergangsfristen und Sonderwirtschaftszonen (anders als bei der Integration des Saarlandes in den 1950er Jahren) samt der Einführung einer gemeinsamen Währung und vollständiger Freizügigkeit hat dort zu Perspektivlosigkeit und Resignation beigetragen und soziale Dysbalancen geschaffen, die bis heute nachwirken und für eine lange Zeit nicht mehr korrigierbar sein werden.

Zahlreiche Intellektuelle plädieren heute im Kontext der Flüchtlingsdebatte für offene Grenzen. Dieses Plädoyer fügt sich allerdings gut in die allgemeinen Globalisierungstendenzen: Grenzenlos bricht sich ein entfesselter globaler Markt in Gestalt wachsender Mobilität der Waren und Personen Bahn.[3] Erstaunlicherweise wird die Forderung nach offenen Grenzen nicht nur aus der liberalen und neoliberalen (besser: libertären) Richtung vorgebracht, sondern auch von links, selbst vonseiten vehementer Globalisierungskritiker. So wie man migrationsskeptischen Libertären und Liberalen vorhalten kann, inkohärent zu argumentieren und willkürlich einen Markt, nämlich den der Arbeit, aus dem Programm einer möglichst weitgehenden Deregulierung und Liberalisierung herauszunehmen, so kann man den linken Vertretern offener Grenzen vorhalten, dass sie sich im Migrationsdiskurs, wohl ohne sich dessen bewusst zu sein, neoliberaler Argumentationsmuster bedienen.

In diesem Essay soll der Versuch unternommen werden, ethische Aspekte der Migration einer rationalen Klärung zuzuführen und damit auch die irreführende, ja gefährliche Entgegensetzung von Ethik (»Gutmenschen«) einerseits und sogenannter Realpolitik andererseits (samt der überkommenen und irreführenden Gegenüberstellung von Gesinnungsethik versus Verantwortungsethik[4]) zu überwinden. Um dies zu leisten, müssen wir uns von politischen Stereotypen lösen, die rechts wie links im politischen Spektrum, aber auch in der Philosophie und den Sozialwissenschaften verbreitet sind. Ein wohlbegründetes Urteil liegt häufig quer zu den üblichen Fronten der öffentlichen Debatte. Es sich zu erarbeiten, erfordert geistige und politische Unabhängigkeit, es zu vertreten gelegentlich Zivilcourage. Den Leserinnen und Lesern wünsche ich von beidem reichlich, damit die hier gesetzten gedanklichen Impulse ihre Wirkung entfalten können.

Ich danke der edition Körber-Stiftung für die wie immer reibungslose Zusammenarbeit, dort besonders Bernd Martin, Kerstin Schulz und der Lektorin Ulrike Fritzsching, für Recherchen und die Erstellung der Anmerkungen danke ich Niina Zuber und Victoria Schöffel und den Diskutanten meiner Vorträge zu dieser Thematik[5] für wertvolle Anregungen und Kritik.

München, im Februar 2017
JNR

Einführung und Überblick

Der folgende Essay befasst sich mit ethischen Fragen eines uralten Menschheitsphänomens, nämlich dem der Migration. »Ethik« ist dabei weit gefasst. Alles, was mit Wertungen und Normen zu tun hat, mit dem Sollen und nicht lediglich mit dem faktischen Sein, gehört in diesem weiten Verständnis zur Ethik. Politische und kulturelle Aspekte der Thematik werden immer dann einbezogen, wenn diese für die normative Beurteilung relevant sind. Die interessanteste Frage der Politik ist: Was sollen wir (politisch) tun? Im Zentrum des Politischen steht das Normative. Auch diejenigen, die nichts davon wissen wollen, die meinen, dass man sich über normative Fragen nicht verständigen könne, dass alles kulturell oder gar subjektiv sei, nehmen, ob sie wollen oder nicht, normativ Stellung. Verdeckte Normativität ist aber weit problematischer als offenkundige. Wenn etwa der Streit um die Wahl des richtigen Paradigmas einer sozialwissenschaftlichen Studie Ausdruck differierender politischer Präferenzen ist, dann sind wir mit einem Rationalitätsproblem konfrontiert. Die normative Dimension kann und sollte man aus der Wissenschaft nicht heraushalten, aber man muss sie explizit machen und darf sie nicht verschleiern.

Über Werte und Normen kann man klar reden, man kann ihre Grundlagen offenlegen, ihre wechselseitigen Zusammenhänge analysieren und eigene normative Stellungnahmen rechtfertigen. Die Differenz zwischen Physik und Philosophie ist, was das wissenschaftliche Rationalitätsideal angeht, kleiner, als weithin angenommen wird, auch wenn die jeweiligen Methoden unterschiedlich sind und eine künstliche Angleichung der Methoden vielleicht einen Prestigegewinn, aber nur selten einen Erkenntnisgewinn erbringt. »Es zeichnet den Gebildeten aus, dass er nur das Maß an Genauigkeit verlangt, das dem Gegenstande angemessen ist«, meint Aristoteles in der *Nikomachischen Ethik* und fügt dem die These hinzu, dass die praktischen Wissenschaften immer nur nach dem Umriss *(kata typon)* vorgehen könnten, weil sie ansonsten ihrem Gegenstand nicht gerecht würden.[1] Wir folgen Aristoteles noch in einem anderen Punkt, nämlich dass das Normative einheitlich sei[2], dass man zwischen Ethik, Recht, Politik und Ökonomie keine scharfe Trennung vornehmen kann.[3] Kulturelle, politische und ökonomische Aspekte der Migration werden in diesem Essay nicht um ihrer selbst willen, sondern im Hinblick auf die normative Beurteilung, die Stellungnahme dazu, was zu tun ist, erörtert.

Nach meinem Verständnis tritt die ethische Beurteilung nicht von außen an die politische, kulturelle oder individuelle Praxis heran, sondern sie bleibt integraler Teil davon. Es gibt keinen archimedischen Standpunkt außerhalb der geteilten menschlichen Lebensform, zu der unsere Fähigkeit, die jeweilige Handlung oder die jeweilige Überzeugung gegenüber kritischen Nachfragen zu begründen, gehört. Diese Begründungen enden nicht in einem philosophisch wie-auch-immer-erst-noch zu rechtfertigenden Prinzip, sondern in dem, was wir vernünftigerweise nicht mehr bezweifeln können, weil es zu den Selbstverständlichkeiten unserer menschlichen Praxis gehört. Nun gibt es zweifellos Differenzen zwischen Individuen, aber auch zwischen Kulturen, sozialen Gemeinschaften, politischen Ordnungen hinsichtlich dessen, was zu diesem Unhinterfragbaren, zum Selbstverständlichen, zum Essenziellen der jeweils geteilten Lebensform gehört. Aber auch innerhalb einer, in der Regel kaum problematisierten, geteilten Praxis kann es Urteilsdifferenzen geben. Was dem einen als selbstverständlich erscheint, erscheint dem anderen als völlig abwegig. Wir versuchen dann zu klären, welche Gründe überwiegen, welche Rechtfertigungen eher überzeugen können. Dies geschieht nicht in den dünnen Sphären reiner Philosophie, sondern immer in Anbindung an das, was uns allen, Philosophen wie Nichtphilosophen, als selbstverständlich erscheint. Die Philosophie darf sich nicht in eine *splendid isolation* begeben.

Wenn ich im Folgenden versuche, eine *Ethik der Migration* zu entwickeln, dann in diesem – kohärentistischen – Rahmen.[4] Jedes Argument, das wir vortragen, hat seine letzte Rechtfertigung nicht in den Postulaten der einen oder anderen ethischen Theorie, sondern in der Praxis normativer Stellungnahmen, die wir teilen. Ethik und Philosophie generell sind nur eine Fortführung dieser Praxis, sie versuchen, einen Beitrag zu ihrer Systematisierung zu leisten, und nicht, aus dieser auszusteigen, sie zu zerstören oder neu zu konstruieren.

Dieses kohärentistische Ethikverständnis verbindet sich bei mir allerdings mit einem ungewöhnlichen Element, nämlich einer Interpretation moralischer Gründe, die man heute meist als »realistisch« bezeichnet. Gemeint ist, dass die moralischen Gründe, die wir vorbringen, nicht als Ausdruck subjektiver Stellungnahmen allein interpretiert werden können, sondern immer auch als Überzeugung, dass dieser Grund tatsächlich in der entsprechenden Situation für jene Handlung spricht. Dieses »tatsächlich« ist natürlich Gegenstand heftiger Debatten in der Philosophie von jeher. Gegenwärtig erleben wir einen neuen Höhepunkt in der Auseinandersetzung um den sogenannten ethischen Realismus, der Anfang des letzten Jahrhunderts durch Max Weber einerseits und das Entstehen der analytischen Philosophie andererseits als endgültig erledigt galt. Allerdings sind die Neuauflagen des ethischen Realismus fast durchgängig naturalistisch, das heißt, sie versuchen, normative Fragestellungen letztlich in bloß empirische zu übersetzen. Ich bin dagegen ethischer Realist, ohne Naturalist zu sein, und habe da nur wenige Verbündete in der zeitgenössischen Philosophie – Ronald Dworkin und Thomas Nagel gehören zu diesen philosophischen »Verbündeten«. Gründe können zutreffen unabhängig davon, welche Meinungen und Präferenzen ich habe oder andere Personen haben oder auch rationale Personen als Ergebnis eines idealen Diskurses hätten. Es *gibt* gute und schlechte Gründe, und was ein guter und was ein schlechter Grund ist, geht nicht auf in dem, was wir jeweils meinen oder präferieren. Der Subjektivismus in den radikalen individuellen Varianten, aber auch in den vorsichtigeren, kulturellen oder kollektiven, kann mich nicht überzeugen.[5] Vielmehr versuche ich herauszufinden, was wir tun sollten, nicht das, was allgemein befürwortet wird, auch nicht das, was eine ideale Diskursgemeinschaft akzeptieren würde, sondern das, was tatsächlich zu tun ist.

Viele werden meinen, dass diese beiden Merkmale der Ethik, wie ich sie verstehe, nicht zusammenpassen: zum einen die vorsichtige Systematisierung der von uns (wie immer wir dieses »uns« abgrenzen) geteilten Gründe auf der einen Seite und die realistische Interpretation moralischer Gründe als etwas Objektives, vom subjektiven Vermeinen des Einzelnen und der Kollektive Unabhängiges. Da dieses sowohl kohärentistische als auch realistische Verständnis von Ethik aber für den weiteren Gang der Argumentation wesentlich ist, gehe ich darauf in einem ersten Kapitel näher ein, das allerdings von denjenigen, die sich für die philosophischen Hintergründe nicht interessieren, überschlagen werden kann. Meine Hoffnung ist, dass sich die hier zur Anwendung kommende philosophische Methode gewissermaßen in der Praxis der Argumentation bewährt.

Das zweite Kapitel befasst sich mit individueller, kollektiver (politischer) und globaler Verantwortung. Dazu ist es zunächst erforderlich, den Verantwortungsbegriff selbst zu klären und von den charakteristischen Entstellungen, für die auch die zeitgenössische philosophische und ökonomische Theorie zumindest teilweise verantwortlich ist, frei zu machen. Der von mir vertretene Verantwortungsbegriff konkretisiert die kohärentistische philosophische Methode, die im ersten Kapitel geschildert wird.[6] Wir schreiben Verantwortung in demselben Sinne zu, in dem wir das in unserer lebensweltlichen Praxis tun. Wir postulieren keinen hochgespannten philosophischen oder ökonomischen Verantwortungsbegriff, der sich als Alternative zur lebensweltlichen Praxis versteht.

Tatsächlich liegt ein solcher überspannter Verantwortungsbegriff in der zeitgenössischen rationalen Entscheidungstheorie vor, der in der Philosophie durch eine an David Hume orientierte Metaphysik gestützt wird. Demnach sind es die zum jeweiligen Zeitpunkt kausal wirksamen Wünsche *(desires),* die zusammen mit den jeweiligen Kenntnissen *(epistemic states)* der handelnden Person eine Entscheidung verursachen. Dieser Zusammenhang gilt dann als rational, wenn die getroffene Entscheidung den Erwartungswert des subjektiven Nutzens maximiert. Verantwortung wird damit auf Folgenverantwortung und die Bewertung der Folgen auf den subjektiven Nutzen der handelnden Person reduziert. Beide Reduktionen führen zu einem ethisch inakzeptablen Verantwortungsbegriff, der weitab von der allseits geteilten Praxis der Rechtfertigung von Handlungen liegt.

Es sind die Gründe, die für oder wider eine bestimmte Praxis sprechen, denen wir uns stellen müssen, mit denen wir uns auseinandersetzen müssen, hinsichtlich derer wir uns zu rechtfertigen haben. Darin besteht unsere Verantwortung: Gründe vernünftig abzuwägen, eigene Interessen mit den Interessen anderer in ethisch akzeptabler Form abzugleichen und die eigene Praxis in eine gerechtfertigte Struktur kollektiver (politischer, sozialer, kultureller) Praxis einzubetten. Um zu klären, was eine verantwortliche individuelle, kollektive oder auch globale Praxis ist, ist das Gesamt der Interessenlagen und Handlungsbedingungen einzubeziehen, aus denen wir dann die Gründe entwickeln, die für oder gegen eine Praxis sprechen. Verantwortung bestimmt sich nicht ex ante aufgrund eines ethischen Postulats, sondern ex post aufgrund der Berücksichtigung empirischer Bedingungen und der Abwägung normativer Gründe.

Damit sind die Voraussetzungen geschaffen, um sich mit der Frage der *globalen Verantwortung* auseinanderzusetzen. Dass wir – jeder von uns – für die Entwicklung der Welt (mit)verantwortlich sind, wird weithin akzeptiert. In merkwürdigem Kontrast dazu steht die politische Praxis. So war es in den vergangenen Jahrzehnten nicht möglich, die wissenschaftlichen Erkenntnisse, was die Gefährdung des Weltklimas durch den Verbrauch fossiler Ressourcen betrifft, in eine verantwortliche globale Praxis zu überführen. Eine Vielzahl internationaler Konferenzen hat eine Reihe von Postulaten hervorgebracht, aber keine kohärente Praxis. Offenbar

gerät die nationalstaatlich fokussierte politische Verantwortung in einen fundamentalen Konflikt mit globaler
Verantwortlichkeit. Dies wirft die Frage nach der kosmopolitischen Perspektive auf. Darunter verstehe ich
eine Sichtweise, die die nationalstaatlichen politischen
Grenzen überschreitet und auf eine Institutionalisierung globaler Praxis zielt. So wie die einzelstaatlichen
Politiken an Institutionen gebunden sind, die erst die
Überführung von Einsichten in verbindliches politisches Handeln über Gesetzgebung, Rechtsprechung
und Verwaltung ermöglichen, so spricht vieles dafür,
dass globale politische Verantwortlichkeit ohne einen
institutionellen Rahmen nicht realisierbar ist.[7]

An dieser Stelle konfligieren allerdings *zwei philosophische Paradigmen*: Das eine setzt auf die Zugehörigkeit zu kulturellen und politischen Gemeinschaften,
um Loyalität, kollektive Praxis und Zusammenhalt zu
ermöglichen, und das andere setzt auf universelle Prinzipien, deren Motivationskraft auf der gemeinsamen
Einsicht in die Freiheit und Gleichheit aller Menschen,
ihre gleiche individuelle Würde, die Gleichrangigkeit
ihrer Interessen gestützt ist. Während die *Kommunitaristen* die Ethik an die Praxis der Kooperation und geteilte
kulturelle Werte knüpfen, vertrauen die *Universalisten
(und Kosmopolitisten)* auf das normative Prinzip gleicher
menschlicher Würde. Die einen sind gegenüber ethischen Verantwortlichkeiten jenseits der kulturellen Gemeinschaft und jenseits des Nationalstaates skeptisch,
die anderen neigen dazu, die besonderen Verpflichtungen gegenüber Nahestehenden, gegenüber der Gemein-

schaft, der man sich angehörig fühlt, gegenüber dem Nationalstaat abzuwerten. Diese hier arg vergröberte Gegenüberstellung steht freilich quer zu den politischen Fronten, und es wäre eine ebenso grobe Fehleinschätzung, die *Universalisten* jeweils »links« und die *Kommunitaristen* jeweils »rechts« im politischen Spektrum einzuordnen.

Im dritten Kapitel werde ich zeigen, wie sich der Gegensatz zwischen *Kommunitarismus* und *Kosmopolitismus*, zwischen *Partikularismus* und *Universalismus* überwinden lässt. Diese Überwindung wird so radikal ausfallen, dass man sich am Ende vielleicht fragen wird, wie es überhaupt zu diesem Gegensatz kommen konnte. Dabei wird die kohärentistische philosophische Methode eine wichtige Rolle spielen.

Das vierte Kapitel wendet sich den empirischen Bedingungen globaler Praxis zu. In welchem Zustand ist die Welt, in der wir heute leben, wie hat sie sich in den letzten Jahren entwickelt, und wie wird sie sich in Zukunft vermutlich weiterentwickeln? Kann dieser Zustand verantwortet werden? Kann speziell verantwortet werden, dass trotz der Verfügbarkeit ausreichender Ressourcen ein Großteil der Weltbevölkerung in bitterster Armut lebt, dass die Zahl der Menschen, die chronisch unterernährt sind, trotz des beachtlichen Wachstums der Weltwirtschaft in den vergangenen Jahrzehnten kaum gesunken ist, dass die sozioökonomischen Unterschiede innerhalb der Staaten fast überall dramatisch gestiegen sind und die globalen sozioökonomischen Unterschiede, wenn man den Sondereffekt China herausrechnet, ebenfalls kontinuierlich ansteigen? Ist die Entkoppelung von ökonomischer Prosperität und sozialem Ausgleich, wie wir sie seit dem Ende der 1970er Jahre weltweit erleben, politisch verantwortbar? Welche ethischen Postulate ergeben sich aus dieser Zustandsbeschreibung der Weltgesellschaft? Wir nehmen also eine kosmopolitische Perspektive ein, um ethische Postulate globaler politischer Praxis zu entwickeln.

Damit ist das zentrale Argument des Essays vorbereitet: Die Aufnahme von Armutsflüchtlingen aus dem globalen Süden in den reichen Ländern des globalen Nordens, also in Nordamerika und Europa, ist kein vernünftiger Beitrag zur Bekämpfung von Weltarmut und Elend. Dies liegt zum einen am selbst für den Einzelnen sehr hohen Aufwand für die transkontinentale Wanderung, einschließlich der Gefahr, dabei ums Leben zu kommen, es liegt aber auch an den Integrationskosten im aufnehmenden Staat, an dem kulturellen Verlust der Migrierenden und vor allem an den sozioökonomischen Verlusten der in den Elendsregionen Zurückgebliebenen. Ich spreche mich also aus kosmopolitischen und humanitären Erwägungen gegen eine Politik der offenen Grenzen zur Bekämpfung des Weltelends aus.

So eindeutig diese ethische Stellungnahme ausfällt, so differenziert stellt sich jedoch die Problemlage insgesamt dar. Nicht allein, weil es ganz unterschiedliche Wanderungsmotive gibt, die sich teilweise überlagern, sondern auch, weil die aufnehmenden Staaten in eine genuine Dilemmasituation geraten: *Die Gleichbehandlung der Ankommenden ist mit der Gleichbehandlung der Aufbre-*

chenden unvereinbar. Die Bürgerkriegssituation in weiten Teilen der sogenannten MENA-Region *(Middle East & North Africa)*, die unmittelbar an Europa im Süden und Osten anschließt, wirft andere ethische und völkerrechtliche Fragen auf als die afrikanischen Armutsregionen südlich der Sahara. Darauf gehe ich in einem eigenen fünften Kapitel ein. Die zentrale ethische Problematik im Falle von Kriegs- und Bürgerkriegsflüchtlingen besteht darin, dass die Integration der Migrierenden in der Regel nicht sinnvoll ist. Eine substanzielle Integration auf dem Arbeitsmarkt, in die Bildungseinrichtungen, in Kultur und Sprache des aufnehmenden Landes bedarf einer Langzeitperspektive, also eines dauerhaften Verbleibs der Geflohenen im aufnehmenden Land. Der Sinn der Aufnahme von Bürgerkriegs- und Kriegsflüchtlingen ist es aber, vorübergehend Schutz zu bieten, um dann möglichst rasch nach Beendigung des Krieges eine Rückkehr und die Unterstützung des Wiederaufbaus des Heimatlandes möglich zu machen. Hier geraten wir zum zweiten Mal in einen Konflikt mit der üblichen Flüchtlings-Rhetorik, jedenfalls in Deutschland.

Länder, die dem Phänomen der sogenannten demografischen Schrumpfung ausgesetzt sind, freunden sich mit einer kontrollierten Einwanderung an, um wirtschaftliche und soziale Verwerfungen abzumildern. Daneben praktizieren Länder ohne deutliche demografische Schrumpfung, aber mit großen territorialen und natürlichen Ressourcen, wie Kanada oder Australien, eine gezielte Einwanderungspolitik, orientiert an den wirtschaftlichen und sozialen Eigeninteressen des

Landes. Auch in Deutschland wird eine solche Politik als Alternative zur politisch (Asylrecht) oder humanitär (Genfer Flüchtlingskonvention) motivierten Einwanderung diskutiert. So sinnvoll es ist, die Wanderungsströme weltweit zu kanalisieren und nach begründeten Kriterien zu steuern, so muss man doch diese Form der Migrationspolitik aus kosmopolitischer und humanistischer Sicht als hochproblematisch ansehen. Sie führt zu einem massiven Verlust an Innovationskraft in den Ländern, aus denen die hoch qualifizierten Einwanderer kommen *(Braindrain)*, und macht staatliche und bürgerschaftliche Bildungs- und Qualifizierungsanstrengungen oft zur Makulatur. Wer, wenn nicht die Hochqualifizierten in den ärmeren Ländern der Welt könnte dort eine eigenständige, vitale Entwicklung vorantreiben? Zweifellos gibt es auch positive Aspekte der Wirtschaftsmigration im Interesse der aufnehmenden Staaten, auch für die ärmeren Regionen der Welt, per Saldo kommen wir aber in der Beurteilung der Wirtschaftsmigration im siebten Kapitel zu einem kritischen Befund.

Nach dieser Einschätzung dreier Formen der Migration, deren Übergänge fließend sind, stellt sich die Frage nach den generellen ethischen Kriterien wünschenswerter und legitimer Migration. Was wünschenswert ist, soll dabei nicht aus der Perspektive des staatlichen oder ökonomischen Eigeninteresses der aufnehmenden Länder, auch nicht aus der Perspektive einer sozioökonomischen Klasse, auch nicht aus der eines besonderen politisch-kulturellen Milieus, sondern kosmopolitisch beurteilt werden. Wie stellen wir uns eine humane und wohlgeordnete Weltgesellschaft vor? Welche Rolle spielt darin politische und soziale Gerechtigkeit? Erst in einem solchen ethischen Rahmen lässt sich klären, nach welchen Kriterien globale Migration zu organisieren ist.

Zu den kosmopolitischen Kriterien einer humanen Migrationspolitik gehört das Schädigungsverbot gegenüber den Zurückgebliebenen, den Ländern, Kulturen und Regionen, aus denen die Migranten in die reichen Länder streben. Dies gilt für jeden der drei Grundtypen der Migration. Im Hinblick auf die *Braindrain*-Problematik müssen die aufnehmenden, von der Einwanderung profitierenden reichen Länder, Gesellschaften und Ökonomien auf entsprechende Kompensationszahlungen verpflichtet werden. Erste Modelle sind gegenwärtig schon in der Diskussion.[8]

Zu den kosmopolitischen Kriterien gehört aber auch die Sozialverträglichkeit der Einwanderung in die reicheren Länder. Der im Laufe von eineinhalb Jahrhunderten in den industrialisierten Ländern erkämpfte Standard sozialer Sicherheit und die Praxis, einen sozialen Ausgleich zu organisieren, der der Tendenz ökonomischer Märkte zur Ungleichverteilung entgegenwirkt, darf nicht außer Kraft gesetzt werden. Dies hängt zunächst von den Quantitäten, aber auch von der Zusammensetzung der Immigrierenden ab. Konflikte zwischen dem ethischen Kriterium der Sozialverträglichkeit und dem der Nichtschädigung der Ursprungsländer sind zu erwarten. Eine einfache ethische Auflösung dieser Konflikte ist vermutlich nicht möglich, hier ist jeweils politische Urteilskraft gefragt. In diesem achten Kapitel aber findet sich der Versuch, die bisherigen Fäden der Argumentation zu einer kohärenten Liste von Kriterien zusammenzuführen, die der Migrationspolitik in Deutschland, in Europa, aber grundsätzlich auch global Orientierung geben kann.

Kapitel neun setzt sich mit der grundsätzlichen politisch-philosophischen Frage auseinander, ob staatliche Grenzen und ihre Sicherung ethisch legitim sind. Angesichts der weltweiten Praxis von Nationalstaaten, Grenzen aufrechtzuerhalten und zu sichern, mag diese Frage trivial erscheinen. Dass sie es nicht ist, zeigt ein Blick in die zeitgenössische sozialwissenschaftliche und philosophische Literatur. Hier überwiegt seit einigen Jahren die Auffassung, dass staatliche Grenzen zwar auf absehbare Zeit nicht verschwinden werden, dass sie aber im Prinzip ein Hindernis darstellen für eine effiziente Weltwirtschaft und für den humanen Ausgleich der Interessen. Politisch berühren sich in dieser Fragestellung die Extreme: Die libertär gesinnten Neokonservativen der USA halten staatliche Grenzen grundsätzlich für ein Hindernis der Entfaltung ökonomischer Dynamik, aber auch die politische Linke in den USA und in Europa befürwortet eine Politik der Grenzöffnung gegenüber Migranten. Das Interesse von Wirtschaftsunternehmen an billigen Arbeitskräften und einer Absenkung des Lohnniveaus durch Einwanderung in den sogenannten Industrieländern korrespondiert mit einer humanitär motivierten Kritik staatlicher Grenzregime im ökoliberalen, aber auch im linken (in der US-Terminologie: *radical*) politischen Milieu.

Dieser Essay entwickelt schließlich eine kosmopolitische Argumentation für die Legitimation, ja Unverzichtbarkeit staatlicher Grenzen und ihrer Sicherung. Die Argumentation des neunten Kapitels beruht auf der These, dass das Menschenrecht auf kollektive Selbstbestimmung sich nur im Rahmen staatlicher Institutionen realisieren lässt, nicht in lockeren, sich immer wieder neu bildenden, ephemeren Gemeinschaften. Der Krypto-Anarchismus, der sowohl links als auch rechts der politischen Mitte heute weit verbreitet und ein Beleg für den ideologischen Erfolg von dreißig Jahren libertärer Indoktrination ist, würde in letzter Konsequenz zur Auflösung politischer Praxis führen. Ich bin dagegen ein Anhänger des Primats des Politischen, bei allem Respekt gegenüber der Rationalität ökonomischer Märkte und der Bedeutung kultureller Zugehörigkeiten. Ich befürworte das Primat des Politischen aus ethischen und kosmopolitischen Gründen. Das, was sich in den letzten Jahrhunderten in Teilen der Welt als sogenannter Nationalstaat[9] etabliert hat, ist nicht die einzige Form, um politische Gestaltungskraft zu sichern. In jedem Fall aber muss sichergestellt sein, dass die politische Praxis durch staatliche Institutionen, seien sie lokal, regional, nationalstaatlich, transnational oder global, gesichert ist. Die kosmopolitische Perspektive, für die ich werbe, darf sich nicht gegen politische Selbstbestimmung richten, sondern muss diese in die Perspektive einer föderalen und humanen, das heißt an den Menschenrechten orientierten, gerechteren Ordnung der Welt integrieren, die im letzten Kapitel erörtert wird.

I. Kapitel

Ethische Pflichten

Zu Beginn möchte ich die philosophische Methode vorstellen, die im Folgenden zur Anwendung kommt. Die
wichtigsten philosophischen Beiträge zur Theorie internationaler Gerechtigkeit gehen in einem erkenntnis-
theoretischen Sinne *fundamentalistisch* vor. Das heißt,
sie beginnen mit einem oder mehreren ethischen Postulaten, bekennen sich zu einer ethischen Theorie und
leiten aus dieser Schlussfolgerungen für den Begriff und
die Kriterien internationaler Gerechtigkeit ab.

Peter Singer, der vielleicht einflussreichste Ethiker
der letzten Jahrzehnte, postuliert eine bestimmte utilitaristische Theorie, wonach jede einzelne Person die
moralische Pflicht hat, die Summe des individuellen
Wohls in der Welt und unter Einschluss aller empfin-
dungsfähiger Lebewesen zu maximieren, und leitet daraus eine Individualmoral globaler Verantwortung ab,
wonach jede Person versuchen sollte, möglichst viele
Mittel zu akquirieren, um diese für Hilfeleistungen
weltweit einzusetzen. »Werdet reich, um zu helfen!«,
fordert Peter Singer im Einklang mit einer jüngst ge-

radezu modisch gewordenen Praxis US-amerikanischer Milliardäre, wie Bill Gates oder Warren Buffett. Da eine Praxis der Glücksoptimierung zu einer verbreiteten Bevormundung und Kontrolle von Menschen führen würde, modifiziert er diesen Ansatz dahingehend, dass die Glücksoptimierung nur für Tiere und noch nicht vernunftfähige, das heißt genauer auf die Zukunft gerichtete Intentionen fähige, menschliche Wesen anzuwenden ist, während ansonsten die Summe der Präferenzenerfüllung zum moralischen Kriterium wird: Handle so, dass die Summe erfüllter Präferenzen in der Welt optimal ist.[1] Der Titel eines seiner Bücher ist durchaus passend: *One World*. Gerade deshalb, weil auf diese Weise andere Menschen für unsere tägliche Praxis dadurch relevant werden, dass wir ihr Wohlergehen beziehungsweise ihre Präferenzenerfüllung beeinflussen können. Unter den Bedingungen einer globalisierten Welt verschwinden so Grenzen und Distanzen.

Wenn es mir möglich ist, mit einer wöchentlichen oder monatlichen Fünf-Euro-Spende an *Terre des Hommes* die Lebenssituation eines kleinen Kindes deutlich zu verbessern, dann sollte ich auf den nächsten Latte Macchiato verzichten und lieber fünf Euro spenden. Da die effektive Beeinflussbarkeit bei den Armen und Ärmsten der Welt größer ist als bei den Bessergestellten, werden jene für meine moralische Praxis relevanter sein als diese. Der Vorzug einer solchen Herangehensweise ist, dass man die philosophische Deliberation auf ein Minimum beschränken kann. Es geht um praktische

Implikationen eines ethischen Prinzips, des utilitaristischen Prinzips der Nutzensummenmaximierung beziehungsweise der Maximierung der Präferenzenerfüllung. Und diese hängen von den jeweils gegebenen empirischen Bedingungen ab.

Die Frage der so verstandenen globalen Ethik lautet also nicht, welche Verpflichtungen, welche Verantwortungen, welche Bindungen, welche Kooperationen, welche Institutionen bestehen oder bestehen sollten, sondern lediglich, welche kausalen Wirkungen kann ich mit der einen oder anderen Entscheidung auf die Nutzensumme[2] haben. Das utilitaristische Prinzip hat zudem den Vorteil, dass es alle Menschen gleich behandelt, dass es einfach ist und eine gewisse intuitive Plausibilität für sich beanspruchen kann. Fundamentalistisch ist ein solches Vorgehen, weil es zunächst ein ethisches Fundament bestimmt, oder man sollte hier besser sagen: postuliert, und dann daraus konkrete Forderungen für die menschliche Praxis ableitet. Nachteil dieses Vorgehens ist, dass die gesamte Argumentation mit diesem Fundament steht oder fällt.

Richard Mervyn Hare, der akademische Lehrer Peter Singers, ein britischer Philosoph, hatte sich immerhin die Mühe gegeben, in drei Monografien und zahlreichen Aufsätzen das (präferenz)utilitaristische Prinzip zu begründen. Für ihn ergibt sich dieses Prinzip aus dem Gleichbehandlungsgebot aller Menschen und der Tatsache, dass allein die Präferenzenerfüllung menschlicher Individuen moralisch relevant sei. Der Idee des Hare'schen sogenannten *universellen Präskriptivismus* zufolge ist die Moralsprache eine Sprache der Imperative, mit der Eigenschaft, dass diese besonderen, eben moralischen Befehle im Gegensatz zu anderen, gewöhnlichen Befehlen universelle Geltung beanspruchen. Diese Universalität zwingt uns, ethische Gebote an der Präferenzenerfüllung aller, und zwar mit gleichem Gewicht, auszurichten, meint Hare.[3] Das Problem dieser Herleitung der Moral aus der Sprachlogik besteht darin, dass die logischen Regeln nicht ausreichen, um eine substanzielle, mit unseren moralischen Überzeugungen vereinbare ethische Theorie herzuleiten. Begriffliche und logische Argumente reichen nicht aus, um substanzielle Theorien zu rechtfertigen. Die interessantesten Fragen der Ethik sind aber eben substanzielle, vor allem: »Was soll ich tun?« Solche Fragen lassen sich nicht dadurch klären, dass wir über die Bedeutung des Wortes »richtig« oder »gut« nachdenken. Vielmehr muss die Bedeutung solcher Ausdrücke klar sein, um überhaupt ein ethisches Argument entwickeln zu können. Wenn man aber die utilitaristische Theorie auf ihre Substanz hin überprüft, zeigt sich rasch, dass diese scheitert, dass sie nicht geeignet ist, die moralische Substanz humaner Praxis zu erfassen.

Ich erläutere dies an drei zentralen Beispielen.

Erstes Beispiel:
Die wechselseitige Anerkennung individueller Rechte, die nicht zur Disposition von Mehrheitsentscheidungen und in der Regel auch nicht zur Disposition von Interessenabwägungen stehen, kann die utilitaristische

Theorie nicht berücksichtigen. Wenn zum Beispiel eine zwanzigprozentige Versklavung der Bevölkerung die Nutzensumme maximierte, um jedem Haushalt einen Sklaven zuzuordnen, dann wäre dieses nicht nur erlaubt, sondern sogar geboten. Sklaverei verletzt aber fundamentale menschliche Rechte. Eine Theorie, die die Ablehnung der Sklaverei von empirischen Bedingungen abhängig macht, wie der, dass Sklaverei die Nutzensumme nicht maximiert, scheitert von Anbeginn an zentralen moralischen Einsichten, die jedenfalls in der Moderne weithin Konsens geworden sind.[4]

Zweites Beispiel:
In vielen Fällen mag es durchaus sein, dass eine weitere Benachteiligung von ohnehin schon sozioökonomisch Benachteiligten das Bruttosozialprodukt, die Wirtschaftsleistung, ansteigen lässt. Angenommen, die Nutzensumme stiege, wenn das Bruttosozialprodukt steigt, dann wäre die Benachteiligung von ohnehin schon Benachteiligten moralisch geboten. Unter Gerechtigkeit verstehen wir aber ein normatives Prinzip, wonach die Ordnung, die Institution, die Praxis als Ganze gegenüber jeder Person gerechtfertigt werden kann. Eine solche Praxis ließe sich gegenüber den ohnehin Benachteiligten nicht rechtfertigen. Der Utilitarismus scheitert also auch an einer zentralen ethischen Einsicht, nämlich, dass eine politische Ordnung, die nicht gerecht ist, auch wenn sie andere Vorteile aufweist, nicht akzeptabel ist.[5]

Drittes Beispiel:

Der Sinn des Lebens ergibt sich für die allermeisten von uns dadurch, dass wir Bindungen und Verpflichtungen eingehen, dass wir bestimmte Projekte verfolgen, bestimmte Wertungen vornehmen und unser Leben danach ausrichten. Wenn wir in jedem Einzelfall, bei jeder einzelnen Entscheidung, abwägen müssten, was wir jeweils tun, um diesen Bindungen und Verpflichtungen gerecht zu werden, um die Projekte zu verfolgen, die für uns wesentlich sind, müssten wir unsere Bindungen, Projekte und Wertungen permanent zur Disposition stellen, müssten wir die Handlungspläne immer wieder unterbrechen, um die Nutzensumme zu maximieren, mit der Folge, dass unsere Lebenspraxis in einzelne (Nutzensummen-)optimierende Einzelaktionen zerfiele, jede Kohärenz vermissen ließe und uns selbst am Ende sinnlos erschiene. Die globale Ersetzung all dessen, was unserem Leben Sinn gibt, durch das eine und einzige Ziel der Nutzensummenmaximierung ist die weltliche Form extremer Askese, wie man sie nur aus fundamentalistischen Religionen kennt. Der moderne Utilitarist als eine Variante radikalen Mönchtums. Bernard Williams spricht daher von der Unvereinbarkeit des Utilitarismus mit der personalen Integrität des Einzelnen.[6]

Tatsächlich ist die Liste von Beispielen sehr viel länger, die die Unvereinbarkeit der utilitaristischen Theorie mit zentralen ethischen Erkenntnissen belegt.[7]

Der Nachteil eines fundamentalistischen Vorgehens liegt nun auf der Hand: Wenn das Prinzip sich nicht aufrechterhalten lässt, werden alle Ableitungen aus diesem Prinzip, alle konkreten praktischen Konsequenzen und Postulate, irrelevant. Das Theoriegebäude bricht als Ganzes zusammen, weil sein Fundament nur Postulatcharakter hatte und kein Ergebnis differenzierter philosophischer Abwägung war.[8] Auch wenn die fundamentalistische Methode in der Ethik einmal, hier der utilitaristische Fundamentalismus, scheitert, heißt dies natürlich nicht, dass sie grundsätzlich scheitern muss. Die meisten zeitgenössischen Philosophen halten an dieser fundamentalistischen Herangehensweise fest. Dies hängt wohl vor allem damit zusammen, dass die zeitgenössische praktische Philosophie den moralischen Institutionen und Traditionen misstraut. Ernst Tugendhat zum Beispiel schlägt eine rational begründete Ethik vor, weil eine moralische Begründung aus der Religion oder Tradition in der Moderne nicht mehr möglich sei.[9]

Der erfolgversprechendere Versuch ist der *kontraktualistische*. Demnach ist es die allgemeine Zustimmungsfähigkeit aus Eigeninteresse, die ein ethisches Prinzip rechtfertigt. Es gibt eine Vielzahl kontraktualistischer Theorien, die sich in zwei Hauptgruppen unterteilen lassen. Die einen legen das faktische Eigeninteresse zugrunde, man kann diese hobbesianisch nennen, da Thomas Hobbes wohl der erste Denker in der europäischen Geistesgeschichte war, der diesen Ansatz vertrat.[10] Der andere Typus kontraktualistischer Ethik geht zwar ebenfalls von der allgemeinen Zustimmungsfähigkeit aus, qualifiziert diese aber selbst schon durch ethische Kriterien. Der Gerechtigkeitstheoretiker John Rawls hat nicht die allgemeine Zustimmungsfähigkeit aufgrund gegebener realer Interessen zum Ausgangspunkt seiner Theorie gemacht, sondern die allgemeine Zustimmungsfähigkeit unter einen sogenannten *Schleier des Nichtwissens* gestellt, der es ausschließt, dass ich meine eigenen Interessen zugrunde lege, sondern die allgemeinen menschlichen oder gesellschaftlichen Interessen berücksichtigen muss. Rawls war der Auffassung, dass, wenn ich meine eigenen Interessen nicht kenne und wir uns unter diesen Bedingungen aber auf Prinzipien der Gerechtigkeit einigen, diese Prinzipien als fair gelten können. Er sieht diese Gerechtigkeitstheorie in der Tradition Immanuel Kants, der ebenfalls vom Fürsten forderte, dass er seine Gesetze so gebe, dass sie die Zustimmung aller Vernünftigen gewinnen können, und dies war ganz offensichtlich nicht so gemeint, dass hier lediglich die eigenen Interessen der Bürgerinnen und Bürger ausschlaggebend sind. Vielmehr ist es die wechselseitige Anerkennung als vernünftige und autonome Akteure, die die Grundlage einer zivilen Ordnung, einer Republik, einer Demokratie ist. Charles Beitz und andere haben diesen Ansatz globalisiert, also auf die Weltgesellschaft angewendet, und damit eine kontraktualistische Variante internationaler Gerechtigkeit präsentiert. Die kontraktualistisch verstandene Theorie internationaler Gerechtigkeit hat den Vorteil, dass sie die Weltgesellschaft als ein Kooperationsgefüge versteht: Individuen, die mit bestimmten Begabungen und Fähigkeiten aufwachsen, profitieren von anderen, nicht nur von ihren Eltern und Lehrern, sondern auch von Gleichaltrigen, von staatlichen Institutionen und sozialen Praktiken, und auf diese Weise gewinnen alle an dieser gesellschaftlichen Praxis Beteiligten einen Vorteil. Auf die Frage, wie diese Vorteile zu verteilen sind, hat der Kontraktualismus eine Antwort: so, dass diese Verteilung fair ist, dass die Individuen ihr zustimmen könnten, wenn sie nicht ausschließlich ihre eigenen Interessen im Blick haben. Aber auch hier stellt sich wieder die Frage: Lassen sich wirklich alle Aspekte internationaler Gerechtigkeit auf die faire Verwendung kooperativer Vorteile reduzieren?

Was ist etwa in denjenigen Fällen, in denen die Interaktionen so flüchtig sind, dass man von dauerhaften Kooperationsverhältnissen nicht sprechen kann? Sind wir nicht zur Hilfe gegenüber den Hungernden in der Sahelzone auch dann verpflichtet, wenn wir keine Kooperationsbeziehungen, weder ökonomisch noch sozial, noch kulturell, mit diesen unterhalten? Ja, selbst dann, wenn unser eigenes Handeln keinen kausalen Beitrag zu dieser Katastrophe geleistet hat?[11] Das Argument gilt auch innerhalb eines einzelnen Staates: Eine politische Ordnung ist ungerecht, wenn sie diejenigen, die zum Beispiel mit einer schweren geistigen oder körperlichen Behinderung geschlagen sind, ihrem Schicksal überlässt, obwohl die Ressourcen dieses reichen Landes bei Weitem ausreichen, um auch diesen ein menschenwürdiges Leben zu ermöglichen. Hier ist aber nicht der Aspekt der Kooperation ausschlaggebend, sondern der der Hilfspflicht und des Menschenrechts auf eine würdige

Existenzform. Der Kontraktualismus beschränkt Moralität auf Kooperation, und dies ist als Fundament einer ethischen Theorie zu dünn.

Die dritte fundamentalistische Variante internationaler Gerechtigkeit ist libertär: Sie nimmt als einziges Fundament der ethischen Beurteilung individuelle (Menschen-)Rechte und versucht daraus Aufgaben und Grenzen der Staatstätigkeit zu bestimmen. Meist gehen libertäre Ansätze eine Verbindung mit einer marktradikalen Position ein, wonach der Markt die beste Interaktionsform ist und der Staat nur für ganz spezifische Aufgaben, wie Sicherheit nach innen und nach außen, zuständig sein darf.[12] Vorteil der libertären Theorie der (internationalen) Gerechtigkeit ist, dass das normative Fundament unumstritten ist, zumal es sich in der Allgemeinen Erklärung der Menschenrechte vom 10. Dezember 1948 (Beschluss der Generalversammlung der Vereinten Nationen) und in den beiden Menschenrechtspakten[13] von 1966 niedergeschlagen hat. Nachteil des libertären Fundamentalismus ist, dass wiederum alle anderen Aspekte der ethischen Beurteilung globaler Praxis unberücksichtigt bleiben: Hilfspflichten, Kooperationspflichten, Recht auf Hilfeleistung, die gerechte Verteilung kooperativer Vorteile, kollektive Selbstbestimmung etc. Auch die libertäre Gerechtigkeitstheorie gerät in einen unauflöslichen Konflikt mit zentralen ethischen Erkenntnissen: Die Hinnahme des Hungertodes Tausender von Menschen, obwohl dieser mit einem moderaten Einsatz von Hilfsmitteln vermeidbar wäre, ist auch dann ein Unrecht, wenn die wohlhabenden

Länder und Ökonomien zu dieser Hungersnot keinen Beitrag geleistet haben.[14]

Diese drei Typen internationaler Gerechtigkeit, der *utilitaristische*, der *kontraktualistische* und der *libertäre*, scheitern daran, dass sie der Komplexität moralischer Gründe nicht gerecht werden. Sie sind nicht nur *fundamentalistisch*, sondern zugleich *reduktionistisch*, das heißt, sie versuchen eine Vielfalt von Bewertungsaspekten auf eines oder auf wenige Merkmale zu reduzieren. Im Falle des Utilitarismus auf das individuelle Wohlergehen und seine Aufsummierung, im Falle des Kontraktualismus auf das Kooperationsphänomen (und Fairness), im Falle des Libertarismus auf die Locke'schen Individualrechte. Jede dieser drei fundamentalistischen Theorien erfasst zweifellos etwas Wesentliches, einen zentralen Aspekt der ethischen Beurteilung internationaler Gerechtigkeit. Der Versuch aber, alle anderen Aspekte auf diesen zu reduzieren beziehungsweise als irrelevant auszuschließen, scheitert.

Ich stelle dem eine *kohärentistische* Herangehensweise entgegen.[15] Statt die Vielfalt der ethischen Beurteilungen auf einen einzigen Typus zu reduzieren und aus diesem dann das Gesamt der internationalen Gerechtigkeit abzuleiten, nehmen wir die ethische Abwägung ernst: Die Sachverhalte sind komplex, sie erfordern ethische Urteilskraft. Der Versuch, diese Komplexität loszuwerden, indem man ein Prinzip postuliert und daraus seine Forderungen an die internationale Gerechtigkeit ableitet, muss scheitern. Wir müssen also dem verständlichen Bedürfnis nach Übersichtlichkeit und Eindeutigkeit entgegentreten und für *Offenheit*, *Differenziertheit* und *Komplexität* werben, um den Weg zu einer vernünftigen, in sich stimmigen Beurteilung frei zu machen.

So ist es zweifellos wichtig, welche konkreten Konsequenzen mein Handeln für das Wohlergehen und die Präferenzenerfüllung anderer Individuen, aber auch für mich selbst, hat (Utilitarismus – Konsequentialismus). Wichtig ist jedoch auch, dass die Bedingungen für ein selbstbestimmtes Leben gegeben sind, und das heißt in vielen Fällen, dass es Verbote oder Interventionen vonseiten staatlicher, ökonomischer, kultureller und individueller Akteure gibt (negative Rechte). In vielen Fällen haben wir aber auch Anspruch auf etwas, und diese Anspruchsrechte sind allen Menschen, jedenfalls unter günstigen Ressourcenbedingungen, eigen (positive Rechte). Wir haben Kooperationspflichten immer dann, wenn wir Dritten nicht schaden und durch die Distanzierung von der je eigenen Interessenoptimierung eine Praxis realisieren können, die in unserem gemeinsamen Interesse liegt. Wir haben die Pflicht, die Erfolge dieser Kooperation fair auf die Kooperationsbeteiligten zu verteilen (Kontraktualismus). Wir haben alle ein Interesse daran, dass wir die politischen Bedingungen unserer Existenz gestalten können (kollektives politisches Selbstbestimmungsrecht). Entsprechend sollten die internationalen Bedingungen so gestaltet werden, dass das *Primat des Politischen* nicht zerstört wird. Dies wird uns besonders im vorletzten Kapitel dieses Essays, wo es um die ethische Legitimität der Grenzen von Staaten geht, eingehender beschäftigen.

Möglicherweise haben wir die Pflicht, dem Trend der Homogenisierung der Lebensformen und Wirtschaftsweisen entgegenzutreten, um Vielfalt aufrechtzuerhalten und kollektive Identitäten zu wahren. Selbst die Forderung nach allgemeiner Integration in die staatlichen Bildungseinrichtungen, die so selbstverständlich erscheint, könnte unter diesem Aspekt Einschränkungen unterliegen. Wie ist es etwa mit der Integration der Himba oder der San in Namibia oder anderer, uns archaisch erscheinender Kulturen in die staatlichen Bildungseinrichtungen, wenn diese Integration den Verlust der kulturellen Partizipation an dieser traditionellen Praxis bedeutet und im Übrigen mit Diskriminierungen und Versagenserfahrungen verbunden ist? Ist die Kritik an der Verschulung der Gesellschaft, die Ivan Illich[16] so wortmächtig, wenn auch sehr zugespitzt, vor vielen Jahren formulierte, wirklich obsolet? Mit dem Prinzip der Nutzensummenmaximierung oder dem Prinzip fairer Kooperation oder dem Prinzip, die Locke'schen Individualrechte zu wahren, wird man solche komplexen Fragen nicht entscheiden können. Die *ethische Urteilskraft* nimmt uns keine philosophische Theorie ab. Philosophische Theorien, die das für sich in Anspruch nehmen, sind reduktionistisch, fundamentalistisch und inadäquat.

Wir gehen dagegen *kohärentistisch* vor, das heißt, wir werden einem Argument kein postuliertes Prinzip voranstellen, sondern ethische Urteilskraft, die Abwägung normativer Gründe. In vielen Fällen wird sich dabei herausstellen, dass sich die zunächst vorgenommene

und möglicherweise weitverbreitete Wertung nicht aufrechterhalten lässt, dass sie modifiziert werden muss,
um eine hinreichende Kohärenz des ethischen Urteils
herzustellen. Ein kohärentistisches Vorgehen ist nicht
quietistisch: Es lässt nicht alles, wie es ist, wie Ludwig
Wittgenstein meinte.

Dafür gibt eine Vielzahl praktischer Gründe, die sich
unterschiedlichen Typen zuordnen lassen. Wir sollten
nicht vorschnell annehmen, es gebe letztlich nur einen
Typus, der alle anderen in sich vereint. Eine – wenn auch
unvollständige – Liste guter, praktischer Gründe soll die
Komplexität unserer ethischen Deliberation deutlich
machen. Die Komplexität bleibt unser Ausgangspunkt,
wir können uns ihrer nicht durch philosophische Postulate entledigen. So plädieren wir gewissermaßen für
Behutsamkeit im Umgang mit unserer lebensweltlichen
moralischen Kompetenz.

Die Liste:
1. Wir haben einen guten Prima-facie-Grund, etwas
   zu tun, wenn dies unsere eigenen Interessen
   befördert: interessengeleitete, praktische Gründe.
2. Wir haben einen guten Prima-facie-Grund, etwas
   zu tun, wenn wir uns dazu verpflichtet haben:
   kommissive, praktische Gründe.
3. Wir haben einen guten Prima-facie-Grund, etwas
   zu tun, wenn dies zu der Rolle gehört, die wir
   übernommen haben (zum Beispiel Lehrerpflichten
   gegenüber ihren Schülern): kommunitäre Pflichten.

4. Wir haben einen guten Grund, etwas zu unterlassen, wenn dies das individuelle (moralische) Recht einer Person verletzen würde: libertäre, praktische Gründe.

5. Wir haben einen guten Prima-facie-Grund, etwas zu unterlassen, wenn dies eine Person diskriminieren würde: Gleichbehandlungsgründe.

6. Wir haben einen guten Prima-facie-Grund, etwas zu tun, wenn dies Teil einer gemeinsamen Praxis ist, die allen Beteiligten zugutekommt, auch dann, wenn es Alternativen gäbe, die für die eigene Interessenverfolgung günstiger sind: kooperative Handlungsgründe.

7. Wir haben einen guten Prima-facie-Grund, etwas zu tun, wenn wir damit einer Person etwas Gutes tun können, zumal, wenn es dieser Person schlecht geht oder wir ihr nahestehen: altruistische Handlungsgründe.

Egoistische Handlungstheorien, zu denen die in der Ökonomie dominierende Rationalitätstheorie gehört, behaupten, lediglich Gründe der ersten Kategorie seien relevant. Unsere lebensweltliche Praxis steht dem aber entgegen. So leben wir nicht, und so urteilen wir nicht. Kontraktualistische Ethiken halten allein Gründe der zweiten Kategorie für relevant. Auch diese Auffassung ist unvereinbar mit unserer lebensweltlichen Praxis des Gründe-Gebens und Gründe-Nehmens. Libertäre ethische Theorien verleihen nur den Gründen der ersten und der vierten Kategorie Relevanz. Kommunitaristische Ethiker dagegen finden relevante Gründe lediglich in der dritten Kategorie. Nähmen wir das ernst und würden uns entsprechend verhalten, bedeutete dies jedoch in jeder dieser Ethikvarianten in der Konsequenz den Zusammenbruch der vertrauten menschlichen Lebensform, die Aufkündigung einer Begründungspraxis, die wir teilen und die unsere Lebensform ausmacht.

Nehmen wir also die von uns allen geteilte Praxis des Gründe-Gebens und Gründe-Nehmens ernst! Von dieser Praxis sollten wir ausgehen, sie systematisieren und zu ethischer Urteilskraft zusammenführen. Dies gilt für den Nahbereich, den Umgang mit unseren Freundinnen und Freunden, die Familie, die Kolleginnen und Kollegen, die Nachbarn ebenso wie für die abstrakteren Fragen sozialer und politischer, auch internationaler und globaler Gerechtigkeit. Wir können nicht das Gesamt dieser Praxis des Gründe-Gebens und Gründe-Nehmens in Frage stellen, sondern jeweils nur punktuell oder lokal Zweifel äußern. Diese *Zweifel* müssen begründet sein, etwa, weil einzelne Prima-facie-Gründe kollidieren oder weil sich unsere moralischen Intuitionen nicht mit bewährten Prinzipien in Einklang bringen lassen. Dann müssen wir gewichten, einen Vorrang bestimmen, vielleicht auch bestimmte Prinzipien, die wir für selbstverständlich hielten, in Frage stellen. Das Ziel ist, das Gesamt unserer Urteilspraxis kohärenter zu machen; das Bedeutendere vom weniger Bedeutenden unterscheiden zu lernen.

Dabei geht es nicht lediglich um unsere subjektiven Meinungen und Präferenzen, sondern darum, herauszufinden, was gute Gründe – tatsächlich – sind. Dieses »tatsächlich« darf nicht so verstanden werden, dass die Ethik in Wirklichkeit eine Natur- oder Sozialwissenschaft sei, sondern lediglich, dass der Realismus bezüglich guter Gründe ein unaufgebbarer Bestandteil der von uns allen geteilten Praxis des moralischen Deliberierens ist. Gründe sind, wie Tatsachen, nichts Subjektives. Meinungen, die Gründe betreffen, sind subjektiv. Gründe selbst sind es nicht. Wenn wir uns einen Grund zu eigen machen, dann haben wir die Meinung, dass dieser Grund tatsächlich, bei Abwägung des Pro und Contra, für eine bestimmte Handlung spricht. Und dann handeln wir entsprechend. Tun wir das nicht, handelt es sich um einen Fall von Willensschwäche. Das kommt vor, vielleicht auch häufig, aber das spricht nicht dafür, dass wir über die Einsicht in das Richtige noch weitere Motive bräuchten, um etwas zu tun. Also klären wir, was richtig ist in der Praxis und Politik der Migration.

II. Kapitel

Verantwortung: individuell, kollektiv, global

Für die weitere Argumentation ist es hilfreich, zunächst unser Verständnis von Verantwortlichkeit zu klären. Wer ist wofür verantwortlich? Wie sind die Kriterien für die individuelle, kollektive oder auch globale Verantwortlichkeit zu fassen? In welchem Verhältnis stehen die unterschiedlichen Verantwortungstypen? Lässt sich jede Form von Verantwortlichkeit auf individuelle Verantwortlichkeit reduzieren? Welche Rolle spielen Institutionen?

Sind wir durch die Globalisierung in ökonomischer und kultureller Hinsicht mit einer überbordenden Verantwortlichkeit konfrontiert, der wir als Individuen, möglicherweise aber auch als Einzelstaaten nicht mehr gerecht werden können? Oder befinden wir uns vielmehr in einer Phase der Weltgeschichte, in der sich politische Verantwortlichkeit auflöst, wir zunehmend in einem System organisierter Unverantwortlichkeit leben (müssen)?

Der Verantwortungsbegriff ist für jede Form der ethischen Stellungnahme unverzichtbar. Wenn Menschen, Kollektive, Staaten für das, was sie tun, keine Verantwortung tragen, dann erübrigt sich jede ethische Beurteilung. Die ethische Beurteilung kommt nicht *ex post*, sondern *ex ante*: Es geht um eine Klärung dessen, was wir tun sollen. Wenn es nicht möglich ist, aufgrund der Einsicht in das Richtige zu handeln, wenn Menschen, wie ein zeitgenössischer Feuilleton-Skeptizismus meint, für das, was sie tun, schon deswegen keine Verantwortung tragen, weil es das Ergebnis kausaler Prozesse ist, die sie nicht kontrollieren können, wenn die Eigendynamik von Systemen so ausgeprägt ist, dass Individuen und ihre Praxis keinen Unterschied machen, oder auf globaler Ebene, wenn die Eigendynamik des globalen Wirtschaftssystems jedes einzelstaatliche Agieren zur Makulatur werden lässt, dann verschwinden normative Fragen hinter der bloßen Faktizität. Dann können wir lediglich feststellen, was Sache ist, aber nicht, was zu tun ist.

Nicht nur manche philosophierenden Neurowissenschaftler bestreiten, dass Menschen für ihr Handeln Verantwortung tragen[1], sondern auch von der Systemtheorie Niklas Luhmanns[2] beeinflusste Soziologen, und diese sind zahlreich. Auch die marxistische Begrifflichkeit lässt für menschliche Handlungsverantwortung keinen Spielraum.[3] Das Normative, die Fragen des Sollens, werden in den Überbau verlagert, der von der Produktionsweise und ihren ökonomischen Gesetzmäßigkeiten determiniert ist. Die normative Stellungnahme spiegelt lediglich den Stand der Klassenkämpfe wider. So schlicht wird das heute nur noch selten formuliert, aber sogenannte poststrukturalistische Theorien, die in vielem das Erbe des Marxismus angetreten haben, ja teilweise als eine Fortschreibung marxistischer Begrifflichkeit interpretiert werden können, geben sich alle Mühe, das Normative zu marginalisieren. Der Königsweg ist die vermeintlich rein sachliche Beschreibung von Handlungsstrukturen und ihren Motiven und dahinterstehenden Interessenlagen.[4] Postmodern inspirierte Beiträge wiederum transformieren Fragen nach der individuellen Verantwortung in Beschreibungen kultureller Verhältnisse. Philosophie wird dann zu Kulturpolitik, die ihren Anspruch auf Rationalität und Begründbarkeit aufgibt.[5] Von guten und schlechten Gründen, von der Abwägung des Für und Wider, von individueller und kollektiver Verantwortlichkeit muss dann nicht mehr die Rede sein.

Der Gegensatz könnte nicht deutlicher sein, aber ich werde mich mit diesen konkurrierenden, gegen Verantwortlichkeit und normative Ethik gerichteten Auffassungen nicht weiter auseinandersetzen. Stattdessen möchte ich einen in meinen Augen stimmigen begrifflichen Zusammenhang herstellen, der mir auch für diejenigen in ihrer alltäglichen Praxis der Verständigung und der Interaktion unverzichtbar erscheint, die ihn bestreiten. Im Sinne der kohärentistischen Methodik, die im ersten Kapitel skizziert worden ist, führen wir den Verantwortungsbegriff nicht in Gestalt von Postulaten ein, sondern beschreiben die Art und Weise, wie wir uns wechselseitig als verantwortliche Akteure sehen, welche Voraussetzungen dies hat und welche Schlussfolgerungen sich daraus für die ethische Analyse ergeben.

Wenn jemand etwas getan hat, was wir für falsch halten, so werden wir dies missbilligen. Vielleicht werden wir diese Missbilligung für uns behalten, diese der betreffenden Person und anderen nicht mitteilen, aus Rücksichtnahme auf die Betroffenen. Es gehört zu den Merkmalen einer zivilen Kultur, dass man die eigenen Beurteilungen anderen nicht aufdrängt, sich zurückhält und damit die autonome Gestaltung der eigenen Praxis wechselseitig erst möglich macht. Es hat lange gebraucht, bis diese Einstellung zu einem Merkmal der Alltagskultur wurde. Die Urbanisierung der Lebensform kann man auch als eine Entwicklung zu selbstverantworteter, autonomer Lebensgestaltung ansehen. Das Öffentliche und das Private treten auseinander, die wechselseitige Berechtigung, sich zur Rede zu stellen, die im Privaten – in Grenzen – gelten mag, gilt nicht am Arbeitsplatz oder gar in der U-Bahn. Der öffentliche Raum ist auch durch die Distanz, den die ihn nutzenden Individuen zueinander halten, charakterisiert – eine Distanz aus Respekt. Dennoch gibt es nicht nur im Privaten, sondern auch im Öffentlichen die legitime Auseinandersetzung um die richtige Praxis. Diese erfolgt im Modus des Gründe-Gebens und Gründe-Nehmens: Die kritisierte Person reagiert nicht, indem sie die kausalen Faktoren beschreibt, die zu ihrer Handlungsweise beigetragen haben, sondern durch Angabe der Gründe, die zu ihrer Handlung veranlasst haben. Wenn sie sich lediglich auf die Beschreibung von Kausalitäten zurückzieht, gibt sie ihre Rolle als verantwortlicher Akteur ipso facto auf: Der Angeklagte vor Gericht, der, anstatt seine Tat zu rechtfertigen, sich auf die schwierigen Bedingungen seiner Kindheit beruft, macht damit, gewollt oder ungewollt, deutlich, dass er sich selbst, jedenfalls hinsichtlich dieser Tat, für unzurechnungsfähig hält.

Verantwortlichkeit ist an die Fähigkeit, Gründe für das eigene Handeln zu geben, gekoppelt. Ohne diese Fähigkeit gibt es keine (Handlungs-)Verantwortung. So agieren wir, so reden wir, so leben wir – dies entspricht unserer Selbstinterpretation. Dieses menschliche Selbstbild, das der antinormativen Sichtweise entgegensteht, kann nicht einfach ausgetauscht werden, weder aus philosophischen noch aus politischen oder anderen Gründen. Wenn wir das Phänomen der Verantwortung herausbrechen, kollabiert das, was wir unter dem Humanen verstehen, als Ganzes. Die menschliche Lebensform stünde in Frage.

Zwei Einwände drängen sich hier geradezu auf: Ist nicht das, von dem hier die Rede ist, etwas spezifisch Europäisches, ist es nicht an eine bestimmte Kultur gebunden? Und zweitens, ist das Subjekt nicht eine Erfindung, eine Konstruktion der europäischen Aufklärung, die sich über die Verbreitung bestimmter Denkmuster, darunter das der Menschenrechte, unterdessen globalisiert hat? Mit anderen Worten: Ist das, was hier als *die* menschliche Lebensform (als *conditio humana*) apostrophiert wird, nichts anderes als *ein* partikularer

Standpunkt, *ein* kultureller Kontext, *eine* spezifische Sichtweise, die historisch und kulturell gebunden ist, unter zahlreichen anderen? Diese Einwände sind weit verbreitet, ja, sie gehören fast schon zum *Common Sense* der Feuilletons und der literarischen Kultur. Sie scheinen mir jedoch ganz offenkundig in die Irre zu gehen.

Wir haben von Verantwortlichkeit nicht in einem besonderen philosophischen oder weltanschaulichen Sinne gesprochen, sondern in einem sehr grundlegenden, wie er aus unserer menschlichen Alltagspraxis nicht wegzudenken ist: Wir haben von Verantwortlichkeit nur insofern gesprochen, als Menschen in bestimmten Situationen aufgefordert werden und in der Lage sind, Gründe zu geben für das, was sie tun. Dabei muss ihnen die Unterscheidung von Gründen und Ursachen nicht vor Augen stehen, wichtig ist, dass sie diese beiden (diskursiven) Praktiken unterscheiden können: die eigenen Handlungen zu rechtfertigen und sie kausal zu erklären.[6] Manche beschreiben diesen Gegensatz als den zwischen einer Perspektive der ersten und einer der dritten Person. Die erste Person, die Ich-Perspektive, kann gar nicht anders, als ihre Handlungen als Ausdruck ihrer Absichten und Überzeugungen zu interpretieren. Die dritte Person, zum Beispiel die Psychologin oder der Sozialwissenschaftler, erklären die Handlungen dagegen über ihre äußeren und inneren kausalen Faktoren. In der Perspektive der dritten Person scheint alles dem Kausalprinzip und der wissenschaftlichen Beschreibbarkeit zu gehorchen, während in der Perspektive der ersten Person ein Rest bleibt, nämlich das Wirken der

Gründe im Rahmen dessen, was kausal fixiert ist. Es scheint eine Lücke[7] zu bestehen, etwas, das wir als *Handlungsfreiheit* wahrnehmen. Immanuel Kant hat diesen Gegensatz als den zwischen dem noumenalen (erste Person) und phänomenalen (dritte Person) Ich zu fassen versucht. Die Philosophen der sogenannten *ordinary language philosophy*, also derjenigen, die die Normalsprache als einzig zulässiges Instrument der philosophischen Analyse anerkennen[8], kamen zum Ergebnis, dass die eine Sprachebene, auf der Gründe vorkommen, und die andere Sprachebene, auf der sich lediglich Ursachen finden, grundsätzlich völlig unabhängig voneinander seien, sodass es keinen Konflikt zwischen natur- und sozialwissenschaftlicher Erklärung und Begründung geben könne, dass also Gründe und Ursachen völlig voneinander unabhängig seien.[9]

Ich verstehe unter individueller menschlicher Verantwortung nichts anderes als die Fähigkeit, Gründe abzuwägen, sich von Gründen affizieren zu lassen und Gründe zur Rechtfertigung des eigenen Handelns geltend zu machen. Spricht irgendetwas dafür, dass diese Fähigkeit erst vor rund dreihundert Jahren, in der Zeit der europäischen Aufklärung, ausgebildet worden ist? Die Antwort muss zweifellos »Nein« lauten. Nichts deutet darauf hin, dass zu früheren Zeiten diese Fähigkeit, sein eigenes Handeln gegenüber Kritikern zu begründen, nicht existierte. Dass es sich im Laufe der historischen Veränderungen in immer wieder neuen Formen präsentierte, kann man zugestehen, ohne den Kern in Frage zu stellen, nämlich die menschliche Verantwortungsfähigkeit.[10]

Die philosophischen Texte aus der Zeit der griechischen Klassik, diese sind rund 2500 Jahre alt, kann man nicht verstehen, wenn man nicht diese wechselseitige Verantwortungszuschreibung voraussetzt. Die Gesprächspartner in den sokratischen Dialogen tun nichts anderes, als Gründe für Überzeugungen, für Handlungen, für Einstellungen (Tugenden) vorzubringen, zu kritisieren, sich also an der Praxis des Gründe-Gebens und Gründe-Nehmens zu beteiligen. Aristoteles entwickelt in seiner Philosophie der Praxis schon einen ausdifferenzierten Verantwortungsbegriff, auch wenn der Terminus als solcher, bezogen auf die Fähigkeit, Antworten zu geben (verANTWORTUNG, responsibility, responsabilità, responsabilité …), wie wir ihn aus den europäischen Sprachen kennen, erst ein spätes Phänomen ist. Auch sehe ich keinerlei Indizien dafür, dass erst mit der Schriftkultur so etwas wie individuelle Verantwortlichkeit aufkommt. Schon deswegen nicht, weil in den meisten historischen Schriftkulturen das Verfügen über Schrift, der Gebrauch von Schrift, auf eine kleine intellektuelle Elite beschränkt war. Auch sogenannte archaische Kulturen, die es in Rudimenten auch heute noch gibt, kennen die Praxis der Rechtfertigung eigener Handlungen, sie tauschen Gründe aus, sie streiten darüber, ob jemand etwas tun darf oder nicht, sprich: Sie machen sich wechselseitig für das, was sie tun, verantwortlich. Kurz: Weder im historischen noch im interkulturellen Vergleich spricht irgendetwas dafür, dass die Fähigkeit, Gründe für die eigene Praxis abzuwägen und danach zu handeln, sowie das Resultat, nämlich eigene Handlungen gegenüber Kritikern durch das Angeben von Gründen zu rechtfertigen, auf eine spezifische, zum Beispiel europäische, rationalistisch ausgerichtete Kultur beschränkt sind.

In einem engen Zusammenhang mit der philosophischen Verantwortungsskepsis steht die Subjektskepsis, das heißt die These, dass auch die Idee eines menschlichen Akteurs, eines Subjekts, erst eine Erfindung, ein Konstrukt einer spezifischen Epoche und einer spezifischen Kultur gewesen sei. Auch wenn es massive Unterschiede in den kulturellen Praktiken im historischen und interkulturellen Vergleich gibt, auch wenn die Rolle, die das Individuum spielt, in hohem Maße variiert, auch wenn in traditionellen Kulturen die Gemeinschaftsbindung größer zu sein scheint und daher die Idee, gemeinsam Verantwortung wahrnehmen zu können und zu müssen, ausgeprägter ist als in den individualistischen (oder sollte man sagen atomistischen) westlichen Gesellschaften heute, so kann doch gar kein Zweifel daran bestehen, dass sich die Individuen über alle Kulturen und Zeiten hinweg, soweit wir das überblicken, wechselseitig als Subjekte angesehen haben und entsprechend als Subjekte miteinander umgegangen sind. Dies gilt zumindest für den jeweiligen kulturellen Nahbereich. Vieles spricht dafür, dass die Fernerstehenden, die Angehörigen anderer Ethnien und die Bewohner anderer Regionen, in weitgehend auf sich selbst bezogenen Gemeinschaften nicht zur »menschlichen« Gattung gezählt wurden. Auch der griechische Ausdruck für die Fremden, *barbaroi*, diejenigen, die nur vor sich hin murmeln, aber nicht wirklich sprechen können, zeigt ein solches ethnozentrisches Verständnis. Man sollte dies aber als einen Irrtum interpretieren, so wie die europäischen Kolonisatoren einem Irrtum aufgesessen sind, als sie meinten, in den Kolonien von Primitiven umgeben zu sein, die zur vernünftigen Praxis nicht fähig seien. In dem Moment, in dem die Interaktionen dichter werden, in dem sich gar eine geteilte Lebensform aufbaut, verschwinden solche Fehleinschätzungen, und wenn die Praxis der Ausgrenzung und Unterdrückung beibehalten wird, führt dies zu Verunsicherung und Schuldgefühlen bei den Unterdrückern.

Diesen Prozess der Revision kann man schon in der Antike in der Diskussion um die Zulässigkeit der Sklaverei unter Stoikern, also der damals dominierenden philosophischen Weltanschauung, beobachten und wiederum in der Spätzeit der Kolonisation. Wenn die weißen Eroberer aus Portugal im heutigen Brasilien in vielen Fällen schwarze Sklavinnen zur Frau nahmen, mit denen sie Kinder hatten und die in vielem eine Rolle ähnlich der europäischen Ehefrau im Herkunftsland einnahmen, dann ließ sich die Abwertung aller Menschen mit anderer Hautfarbe nur noch als Ideologie und nicht mehr als integraler Bestandteil der praktizierten Lebensform aufrechterhalten.[11]

Wir sind also verantwortlich, insofern wir die Fähigkeit besitzen, Gründe abzuwägen und aus Gründen heraus zu handeln. Streng genommen ist dieser Satz trivial, da Handlungen gerade diejenigen Bestandteile unseres Verhaltens sind, die von Gründen geleitet sind. Die vollständig irrationale Handlung gibt es nicht. Wenn wir ein Verhalten als Handlung interpretieren, setzen wir voraus, dass die Person ihr Verhalten unter Kontrolle hatte, dass sie Gründe hatte, sich so zu verhalten und nicht anders. Gründe strukturieren unsere Praxis durch Handlungen. In den Handlungen äußern sich unsere ethischen und empirischen Überzeugungen. Gründe sind dazu da, sicherzustellen, dass die jeweilige Praxis als Ganze in sich stimmig ist und gegenüber Einwänden gerechtfertigt werden kann. Dies gilt für das menschliche Individuum. Gilt dies aber auch für Kollektive, für Staaten, für Institutionen, gilt es auch in der Außenpolitik, in den internationalen Beziehungen, gibt es also so etwas wie globale Verantwortung?[12]

Es hat immer wieder Versuche gegeben, die politische Praxis von der lebensweltlichen zu entkoppeln. Manche haben dies als das der Politik eingeschriebene Phänomen der schmutzigen Hände beschrieben: Demnach muss erfolgreiche Politik mit ethischen Gründen in Konflikt kommen, sonst handelt es sich nicht um Politik. Viele wenden sich gegen eine Moralisierung des Politischen, da sie eine spezifische Systemlogik in der Politik vermuten, die die Moral außen vor hält. Ähnliches gilt für die ökonomische Praxis. Auch dort ist die Auffassung weit verbreitet, dass Märkte moralfrei seien, dass unternehmerisches Handeln allein auf die Optimierung des Gewinns gerichtet sei und das Handeln von Konsumenten ausschließlich auf die Optimierung des Konsums und dort ethische Aspekte keine Rolle spielen oder jedenfalls nicht spielen sollten. Beides scheint mir offenkundig falsch zu sein[13], das heißt – präziser – auf einer gedanklichen Konfusion zu beruhen. Um sich das klarzumachen, erinnere ich noch einmal an die Argumentation des ersten Kapitels. Dort wurde für die *Einheit des Sollens* plädiert, in dem Sinne, als vor dem Hintergrund der großen Komplexität praktischer Gründe am Ende deren Abwägung für eine bestimmte Handlung spricht, die wir dann vollziehen. Es gibt keine voneinander isolierten »Systemlogiken« – eine ökonomische, eine politische, eine lebensweltliche etc. –, sondern vielmehr verschiedene praktische Gründe, auch verschiedene Typen von Gründen, die gegeneinander abgewogen werden müssen, damit sich am Ende daraus eine stimmige, eben kohärente Praxis ergibt. Die behauptete Moralfreiheit der Märkte scheitert schon allein daran, dass ohne Kommunikation ökonomisch erfolgreiche Praxis gar nicht möglich ist. Kommunikation aber ist nicht zum moralischen Nulltarif zu haben, denn Kommunikation setzt voraus, dass wir uns in der Regel wahrhaftig und verlässlich äußern, dass wir nur das behaupten, von dem wir selbst überzeugt sind, und versuchen herauszufinden, was tatsächlich der Fall ist (Verlässlichkeit, Realitätsprinzip). Ökonomische Praxis kann nicht erfolgreich sein, wenn Menschen nicht miteinander kommunizieren, zumindest innerhalb eines Unternehmens, aber auch zwischen dem Unternehmen und seinen Kunden. Kooperation ist zum moralischen Nulltarif ebenso wenig zu haben. Die vermeintliche ökonomische Systemlogik der Moralfreiheit ist lediglich die Verabsolutierung eines legitimen Handlungsgrundes, nämlich die Optimierung des Gewinns oder die Optimierung des Konsums. Dieser legitime Handlungsgrund spielt in der ökonomischen Praxis eine große Rolle, aber er muss abgewogen werden gegen andere Handlungsgründe. Geschieht dies nicht, dann erodiert die ökonomische Praxis selbst. Mit anderen Worten: Sie lebt von Bedingungen, die sie auf sich selbst gestellt nicht garantieren kann, um ein Diktum des Verfassungsrichters Böckenförde abzuwandeln.

Ähnliches gilt für die politische Praxis. Auch dort gibt es spezifische Typen von Gründen, die zum Beispiel darauf beruhen, dass die kollektive Meinungsbildung eine große Rolle spielt und es daher ohne die Bereitschaft, Kompromisse zu finden, in der Regel keinen politischen Erfolg gibt. Entsprechend müssen Abstriche gegenüber eigenen Zielen gemacht werden, um kompromiss- und kooperationsfähig zu sein. Moralisierung im Sinne einer rigiden Verabsolutierung einzelner Bewertungsaspekte ist in der Tat in der politischen Praxis hinderlich. Dies heißt aber nicht, dass ethische Gründe keine Rolle spielen. Im Gegenteil, eine politische Praxis, die nicht in der Lage ist, sich nachvollziehbar und ethisch adäquat zu rechtfertigen, scheitert zumindest in einer Demokratie an einer kritischen Öffentlichkeit.

Politische Verantwortung wird jedoch nicht nur individuell als Mandatsträgerin, als Minister oder Kanzlerin wahrgenommen, sondern auch kollektiv. Die Verantwortung einer Bundesregierung zum Beispiel. Die Verantwortung einer Fraktion, einer Partei, eines Staates. Wie können wir eine solche politische Verantwortlichkeit verstehen? Handeln hier Kollektive, haben Kollektive oder Institutionen, zum Beispiel Staaten, Gründe, die ihre Verantwortlichkeit ausmachen? Die einfache Antwort lautet »Ja«. Staaten bringen zum Beispiel in Gestalt eines Pressesprechers der betreffenden Regierung Gründe für eine Entscheidung vor. Hier kommt es nicht auf die individuellen Meinungen des Pressesprechers an, sondern auf die Begründung der Regierung für eine bestimmte Entscheidung. Auch wenn sich das Personal einer Regierung vollständig ausgetauscht hat, wird sie für die Entscheidungen des vorausgegangenen Kabinetts, das von einer anderen Parteienformation getragen wurde, zur Verantwortung gezogen. Bildlich gesprochen wird eine institutionelle Person etabliert, die Regierung eines Landes, die für den betreffenden Staat in den gegebenen verfassungs- und völkerrechtlichen Grenzen entscheidet, zu übernehmen. Diese Quasi-Person rechtfertigt ihr Handeln, sie muss darauf achten, dass eine gewisse Kohärenz ihrer Praxis und ihrer Begründungen über die Zeit besteht, die schon durch das Erfordernis der Rechtsstaatlichkeit demokratischer Ordnungen erzwungen wird. Zugleich aber ist offenkundig, dass Kollektive, Institutionen oder Staaten keine personalen Eigenschaften aufweisen, sie verfolgen keine Absichten, sie haben keine Überzeugungen, sie haben keine Gefühle etc.[14]

Um diesen Zusammenhang zu verstehen, müssen wir kurz ausholen: Soziale Tatsachen haben einen anderen Charakter als natürliche.[15] Natürliche Tatsachen lassen sich mit den Mitteln der Naturwissenschaft beschreiben, soziale Tatsachen setzen dagegen voraus, dass menschliche Individuen Haltungen, Normen und Werte, wechselseitige Erwartungen und gemeinsames Wissen haben, das diese erst hervorbringt. Der Wert eines bestimmten Geldscheins, sagen wir zehn Euro, hat nichts mit dem Blatt Papier zu tun, auf dem »zehn Euro« aufgedruckt ist, sondern mit einer bestimmten institutionell gestützten Praxis, die es erlaubt, Waren und Dienstleistungen unter Verwendung dieses Blatt Papiers zu tauschen. Dass dies möglich ist, beruht auf wechselseitigen Erwartungen, die gestützt sind durch eine komplexe Praxis der Geldwirtschaft, einschließlich der Rolle von Zentralbanken, Geschäftsbanken, rechtlichen Absicherungen etc. Soziale Institutionen, wie zum Beispiel Regierungen, beruhen ebenfalls auf solchen sozialen Tatsachen, wechselseitigen Erwartungen, Normen und Werten, Regeln, gemeinsamem Wissen, das diese erst hervorbringt. Kollektive, speziell politische Verantwortung ist nicht einfach die Addition individueller Verantwortungen, sondern beruht auf einer im weitesten Sinne institutionellen, durch soziale Tatsachen etablierten Praxis, die Verbindlichkeiten schafft und insofern über die je individuellen Akteure, die ihr angehören, hinauswirkt.

Die Bundesregierung ist keine Person, sie kann auch nicht mit der Person etwa der Bundeskanzlerin, nicht einmal in dem vage als Richtlinienkompetenz umschriebenen Bereich identifiziert werden. Die Person Angela Merkel agiert nur in einem spezifischen institutionellen Rahmen als Kanzlerin, und ihre Entscheidungen haben nur dann eine entsprechende Bindungswirkung. Die an der jeweiligen Institution beteiligten Individuen haben eine individuelle, aber kooperative Verantwortung für die politischen Entscheidungen. Sie handeln jeweils individuell, stimmen zum Beispiel in einer bestimmten Weise ab oder äußern in einer bestimmten Weise ihre Meinung, müssen aber dabei berücksichtigen, dass sie nicht nur für sich, sondern als Teil einer Institution agieren, dass ihre je individuelle Praxis Teil einer kollektiven Praxis ist, die politisch relevant ist.

Das generelle Muster von Kooperation, auch außerhalb von Institutionen, lässt Individuen gemeinsam handeln, indem sie ihren Teil zu einer gemeinsam erwünschten Praxis beitragen und dabei auf die Optimierung ihrer eigenen Interessen verzichten. Anders ist Kooperation nicht zu haben.[16] In der institutionell verfestigten Form, zum Beispiel im Rahmen der Bundesregierung, muss jede einzelne Ministerin und jeder einzelne Minister so agieren, dass der eigene Beitrag sich zu einem kohärenten Ganzen fügt, das die Handlungsfähigkeit der Institution Bundesregierung sicherstellt. Ist dies nicht der Fall, kommt es zu einer institutionellen Krise, und sei es nur in der vorübergehenden Form des Rücktritts eines Ministers. Der Übergang zwischen politischer Praxis im Rahmen fest gefügter Institutionen, wie zum Beispiel einer Bundesregierung, und der politischen Praxis als eine institutionell nicht gefestigte Form der Kooperation ist fließend. So mag man sich für das Anliegen einer Nachbarschaftsinitiative engagieren, ohne dass es feste Mitgliederlisten oder eine Satzung gibt, nach der kollektive Entscheidungen getroffen werden. Die Bürgerin, die sich bei einer Kommunalwahl überlegt, wie sie ihre acht bis achtzig Stimmen durch Kumulieren und Panaschieren verteilen muss, um den zentralen Anliegen der Flüchtlingshilfe zu entsprechen, handelt ebenfalls kooperativ, in diesem Fall als Beitrag zu einer gemeinsamen, moralisch motivierten politischen Praxis, auch ohne Abstimmung mit jenen, die sich ebenfalls dieser gemeinsamen Praxis zugehörig fühlen. Die Abstimmung erfolgt gewissermaßen virtuell.

Kollektive Verantwortung ist eine spezielle Form kooperativer Verantwortung. Politische Verantwortung ist eine spezielle Form kollektiver Verantwortung. Sie ist in unterschiedlichem Maße institutionell verfestigt und beruht auf einer institutionellen Struktur, die kollektives Handeln reguliert. Unabhängig vom Maß der Institutionalisierung tragen die einzelnen Akteure eine individuelle kooperative Verantwortung.

Es gibt also keinen Ausweg aus der Verantwortlichkeit. Zur *conditio humana*, zur menschlichen Lebensform, die wir über alle Kulturen und Zeiten teilen, gehört die Fähigkeit, Gründe abzuwägen und entsprechend zu handeln. Wir sind für unsere Praxis verantwortlich. Dies gilt individuell, aber auch kollektiv und politisch. Wie unübersichtlich die Handlungsbedingungen auch immer sind, die einzelnen Akteure formen sich über eine kooperative Praxis zu Verantwortungsgemeinschaften, ob sie es wollen oder nicht. Die globale Dimension macht die Reichweiten, die Wirksamkeiten einzelner Aktionen größer und unübersichtlicher, hebt aber menschliche Handlungsverantwortung nicht auf. Die politische, zumal die demokratische Praxis ist darauf gerichtet, die Gestaltungskraft durch Regelsetzung und Institutionen zu wahren. Die demokratische Ordnung beruht auf der Idee, dass zwar nicht je individuell, aber kollektiv, durch Verständigung auf bestimmte Entscheidungsverfahren, eine Kontrolle, zumindest der Regeln, möglich ist, die unser Zusammenleben gestalten. Dies gilt in der Kommune, in der Region, auf nationalstaatlicher Ebene, in der EU und auf der ganzen Welt. Insofern gibt es hier eine Korrespondenz zwischen globaler politischer Verantwortlichkeit und der kosmopolitischen Perspektive, also der Institutionalisierung von Politik im globalen Maßstab.

III. Kapitel

Kommunitarismus versus Kosmopolitismus

In der politischen Philosophie der Gegenwart stehen sich kommunitaristische und liberalistische Ansätze gegenüber. Tatsächlich hatte die Renaissance der Ethik und der politischen Philosophie mit der Publikation einer *Theorie der Gerechtigkeit* von John Rawls 1971 begonnen, und diese verstand sich als liberalistisch.[1] Sie versuchte, die normativen Grundlagen einer liberalen, westlichen, ökonomisch entwickelten Demokratie unter Rückgriff auf das sogenannte Vertragsargument herauszuarbeiten: gleiche maximale individuelle Freiheiten und eine gesellschaftlich-wirtschaftliche Kooperation, deren Früchte so verteilt werden, dass sie in besonderem Maße den schlechter Gestellten zugutekommen (das sogenannte Differenzprinzip). John Rawls hatte Gerechtigkeit als das Ergebnis der fairen Wahl von Grundprinzipien bestimmt. Fair ist die Wahl dann, wenn man von allen Besonderheiten individueller Interessen abstrahiert. Zugleich aber hat Rawls an der Idee festgehalten, dass rationale Individuen ihre Interessen – wechselseitig desinteressiert – verfolgen, und das heißt, nach den Bedingungen eines selbstbestimmten Lebens streben, wozu Einkommen, Chancen und Freiheiten sowie die sozialen Bedingungen der Selbstachtung gehören.

Kommunitaristen wie Michael Sandel[2] haben dagegen eingewandt, dass Individuen als isolierte und wechselseitig desinteressierte gar nicht vorstellbar seien, dass erst die Gemeinschaftszugehörigkeit die (moralische) Person ausmache. Die ganze Konstruktion liberalistischer Ethik könne nicht überzeugen. Es gebe keine *unencumbered selves*. Wir können auf die Details dieser Auseinandersetzung hier nicht eingehen. Wesentlich für das Folgende ist lediglich, dass man den Gegensatz zwischen kommunitaristischer und liberalistischer politischer Philosophie erfasst. Kommunitaristen argumentieren aus der Gemeinschaftszugehörigkeit heraus. Die elaborierteste Form liegt meines Erachtens in Gestalt des Werkes von Michael Walzer[3] vor. Hier wird in großer Differenziertheit auf die ganz unterschiedlichen Normen und Werte eingegangen, die die verschiedenen Gemeinschaften prägen. Der ökonomische Markt gehorcht anderen Regeln als die öffentliche Verwaltung. Die Zugehörigkeit zu Vereinen wiederum folgt anderen Regeln als die Zugehörigkeit zu einer Familie. Diese unterschiedlichen Gemeinschaftsformen können, das ist das Credo der Kommunitaristen, nicht von außen, von einem vermeintlich objektiven ethischen Standpunkt aus beurteilt werden, sondern nur aus der Perspektive einer spezifischen Gemeinschaftspraxis. Man bleibt gewissermaßen immer Teil von Gemeinschaften und löst sich nie, wie die Liberalisten annehmen, aus allen gesellschaftlichen Zusammenhängen heraus. Auch die politische Philosophie oder Ethik kann das nicht leisten. Die kommunitaristische Kritik richtet sich gegen die Reduktion moralischer Komplexität, gegen die Vorstellung, es gäbe lediglich einige wenige für alle verbindlichen Individualrechte, aus denen sich alles andere herleiten ließe, wie die radikalsten Vertreter des Liberalismus, die Libertären, meinen. Die Kritik der Kommunitaristen verweist zu Recht darauf, dass das Zusammenleben der Menschen zu komplex sei, um es in dieser Weise in ein einziges Schema pressen zu können. Auch der ökonomische Markt hat keine Sonderstellung, er ist eine von vielen unterschiedlichen Formen zwischenmenschlicher Interaktion. Die kommunitaristische Kritik richtet sich aber nicht nur gegen die unzulässige Vereinfachung normativer Aspekte, sondern auch gegen den Universalismus, für den die universellen Normen und Werte existieren und zudem für alle gleichermaßen verbindlich sind.

Der Kommunitarismus geht mit dem (kulturellen) Relativismus eine Verbindung ein. Das Projekt der philosophischen oder ethischen Klärung der Normen und Werte des menschlichen Zusammenlebens wird in die Beschreibung unterschiedlicher Lebensformen überführt. Das Normative verschwindet hinter dem Empirischen. Diejenigen, die auch normative Fragen für rational klärbar halten, befürworten in der Regel eine universalistische Ethik und politische Philosophie. Diejenigen, die normative Fragen grundsätzlich für nicht rational klärbar halten, lehnen universalistische Ethik und politische Philosophie in der Regel ab. Da Migration ein globales Phänomen ist und sich die dadurch aufgeworfenen Fragen nicht auf lokale Gemeinschaftszugehörigkeiten beschränken lassen, spricht viel für eine universalistische Behandlung dieser Thematik. In der Tat werden wir eine *kosmopolitische Perspektive* einnehmen, das heißt die Ethik der Migration unter dem Aspekt einer humanen Gestaltung der Weltverhältnisse diskutieren und nicht aus einer nationalstaatlichen oder gruppengebundenen Perspektive. Allerdings wird sich zeigen, dass der hier vertretene Kosmopolitismus den berechtigten Einwänden kommunitaristischer Kritiker durchaus gerecht werden kann. Ein vernünftiger Kosmopolitismus muss mit Gemeinschaftsbindungen unterschiedlichster Art verträglich sein.

Dieser Konflikt zwischen der lokalen Gemeinschaft und ihren ethischen Bindungen einerseits und einer kosmopolitischen, weltbürgerlichen Einstellung und Lebensform andererseits zieht sich durch die Kulturgeschichte seit der Antike. Der Kosmopolit *(cosmopolites)* der griechischen Klassik erschien seinen Mitbürgern in der Stadt als verantwortungslos, denn er beteiligte sich nicht an den gemeinschaftsbildenden Praktiken der Athener Bürgerschaft, er nahm die Belange der Stadt *(ta politika)* nicht ernst, wirkte auf seine Zeitgenossen arrogant und distanziert. Dieses Grundmuster hat sich bis heute nicht verändert. Die kosmopolitische Lebensform ist weitgehend[4] auf die oberen Mittelschichten und Oberschichten der Industriegesellschaften beschränkt, mit Brückenköpfen in den Eliten der Länder des globalen Südens. Man jettet von Ort zu Ort, man verbringt einen Teil seines Lebens in Hotels, die Oberschicht unterhält an verschiedenen Orten eigene Wohnungen und Häuser, die in der Abwesenheit beschützt und gepflegt werden müssen, man hat eine Jacht, die an unterschiedlichen Orten vor Anker geht und gelegentlich transferiert werden muss, um den Urlaubswünschen ihres Besitzers gerecht zu werden. Man spricht das globalisierte Englisch, das zur internationalen Verkehrssprache in weiten Teilen der Welt geworden ist, erledigt einen Teil seiner Korrespondenz ebenfalls in dieser Sprache und pflegt ökonomische und kulturelle Kontakte in unterschiedliche Weltgegenden. Diese Lebensform geht oft damit einher, dass die betreffenden Personen keine über die Kernfamilie hinausgehenden Bindungen eingehen. Sie engagieren sich nicht in der lokalen Gemeinschaft, weder in der Kirchengemeinde noch im Stadtparlament, sie kümmern sich nicht um die Angelegenheiten des Gemeinwesens, das sie nur für ihre partikularen Interessen in Anspruch nehmen. Wenn Konflikte auftreten, delegieren sie diese an Anwälte. Die direkte Kommunikation ist zu oberflächlich, zu sporadisch, um personale Bindungen jenseits des engsten Freundeskreises aufzubauen.

Die kosmopolitische Lebensform wirkt aus der Perspektive der Gebundenen, der örtlich Verwurzelten, der vielleicht sozioökonomisch schlechter Gestellten egozentrisch und bindungslos. Die globale »kosmopoli-tische« Praxis beruht auf einer Handvoll geteilter Normen und Werte, denen aber die kulturelle Tiefe und die historische Verankerung lokaler und kultureller Gemeinschaften abgeht. Der ökonomische Markt ist der bevorzugte Rahmen globalisierter Interaktionen. Dabei zählt die Möglichkeit, seinen Hauptwohnsitz, unter Umständen auch seine Staatsangehörigkeit, im Laufe des Lebens vielleicht sogar mehrfach zu wechseln, zu den avancierten Formen kosmopolitischer »gehobener« Existenz. Manche Staaten bieten entsprechende Pakete an: Arbeitsplätze schaffen, hinreichend investieren, den neuen Hauptwohnsitz anmelden, dann lässt sich die Staatsbürgerschaft häufig legal erwerben. Ulrich Beck hat die Kosmopolitisierung der Weltgesellschaft freundlicher beschrieben, nämlich als Prozess der Überlagerung und Vermischung kultureller Identitäten.[5] Dieses Spannungsverhältnis bleibt aber auch in dieser freundlicheren Perspektive bestehen. Der soziologische Kosmopolitismus löst Strukturen auf, die für viele Menschen, insbesondere für die ökonomisch schlechter gestellten, Sicherheit und Halt stiften, vor allem aber Gemeinschaftsbildung erst ermöglichen; dazu gehört auch die Sozialstaatlichkeit. Die vier Mobilitäten der modernen liberalen Gesellschaften – der familialen (Heirat, Scheidung, Wiederverheiratung, Patchworkfamilien etc.), der lokalen (Wechsel des Wohnsitzes, wie er in den USA um ein Vielfaches häufiger vorkommt als in Europa), der sozialen (Verlassen des eigenen sozioökonomischen Herkunftsmilieus und Wechsel nach oben und zunehmend auch nach unten) und der weltanschaulichen Mobilität (Wechsel der Religionsgemeinschaften, der Zugehörigkeit zu Weltanschauungsgruppen etc.) – gehören zwar zu den individuellen Rechten und Freiheiten, die die liberalen westlichen Gesellschaften bieten, bedrohen aber, so Michael Walzers Kritik, zugleich Gemeinschaftsbindungen und gesellschaftlichen Zusammenhalt, sodass diese Freiheiten, wenn sie im Übermaß genutzt werden, zur Erosion aller Bindungskräfte führen.

Ein wesentliches Movens der multidimensional mobilen Gesellschaft ist der ökonomische Impetus, also das Bestreben, ökonomische Vorteile zu nutzen, umzuziehen, wenn das Preis-Leistungs-Verhältnis einer anderen Wohnung etwas günstiger ist, den Job zu wechseln, wenn das Einkommen ein wenig höher ist, die Religionsgemeinschaft auszutauschen, wenn ein entsprechend charismatischer Propagandist in Erscheinung tritt, die Partnerin zu wechseln, wenn eine Jüngere und Schönere Interesse zeigt, usw.

Paradoxerweise argumentieren diejenigen, die offene Grenzen befürworten, meist kommunitaristisch: Sie meinen, dass auch offene Grenzen nur in geringem Maße zur Verstärkung der Migration beitragen würden, und auf die Nachfrage, wie dies denn angesichts der dramatischen Wohlstandsunterschiede der Welt zu erklären sei, sprechen sie von den lokalen und kulturellen Bindungen, die Menschen nur ungern aufgeben. Wir werden darauf noch ausführlicher eingehen, aber hier sei schon einmal festgehalten, dass das liberalistische Modell des ungebundenen Selbst, das seine eigenen Interessen optimiert, nur den globalen Markt als Weltordnung befürworten kann: Alle Staatlichkeit, alle Gemeinschaftsbindung, alle kulturellen Identitäten stünden damit zur Disposition. Man kann die liberalistische, oder besser: libertäre, Vision einer mobilen, durch das universelle Prinzip ökonomischer Optimierung gestalteten Welt nicht kommunitaristisch begründen. Wer diese Welt will, muss auch ihren politischen, kulturellen und sozialen Preis berücksichtigen. Michael Walzer, ein auch von der israelischen Kibbuzbewegung geprägter linker Intellektueller, später Herausgeber des führenden kritischen US-Journals *Dissent*, hatte früh für die Zulässigkeit von Kriegen aus einer kommunitaristischen Begründung argumentiert.[6] Im Kapitel »Membership« seiner *Sphären der Gerechtigkeit* meint er, dass jede Gemeinschaft grundsätzlich das Recht habe, zu bestimmen, wer zu ihr gehört. Das Recht auf Freizügigkeit wird demnach nicht nur zwischen Staaten, sondern auch zwischen Kommunitäten durch das Recht auf kollektive Selbstbestimmung der Gemeinschaften eingeschränkt.

Der konservativ-katholische Kommunitarist Alasdair MacIntyre schließlich hält es für ausgeschlossen, dass sich aus einer liberalen und universalistischen Sicht Patriotismus überhaupt rechtfertigen lässt. Patriotismus besteht in einer besonderen Loyalität zum eigenen Staat, ohne den ein Staat gar nicht existieren könne, meint MacIntyre, aber diese besondere Loyalität ließe sich nicht begründen, wenn die Zugehörigkeit etwas letztlich moralisch Irrelevantes wäre, wenn dem aus der Perspektive des jeweiligen Staatsbürgers nicht etwas Besonderes zukäme, was diese Gemeinschaft von allen anderen Gemeinschaften unterscheidet.[7]

Für den liberalen, eine universalistische Ethik vertretenden Kosmopoliten müssten demnach die ethischen Fundamente der politischen Ordnung zerfallen. Auch der bedeutendste zeitgenössische Vertreter eines normativ begründeten politischen Nationalismus, David Miller[8], argumentiert kommunitaristisch, mit den besonderen Bindungen einer Nation, die im günstigsten Fall eine staatliche Form hat. Die kulturelle Zusammengehörigkeit, die gemeinsame Sprache, die gemeinsame Geschichte, die gemeinsame Handlungsfähigkeit konstituieren den Nationalstaat. Und dieser ist nur aufrechtzuerhalten, wenn er auch seine Grenzen kontrolliert.

Eine Verbindung von marxistisch inspirierter Soziologie und nationalistischer Globalisierungskritik, und speziell EU-Kritik, formuliert der deutsche Soziologe Wolfgang Streeck.[9] Für ihn ist es nicht das kulturelle Band, das einen Nationalstaat zusammenhält, sondern die Fähigkeit, den sozialen Ausgleich zu organisieren. Jenseits des Nationalstaates dominiert die neoliberale Agenda – das gilt schon für die EU, erst recht natürlich für die WTO oder den IWF und für supranationale Schiedsgerichte ohne die demokratische Legitimation zahlreicher bilateraler Handelsverträge, vorgesehen so auch bei TTIP, dem transatlantischen Vertrag zwischen den USA und der EU. Es gibt seit geraumer Zeit einen subkutanen Nationalismus von links, unterdessen äußert er sich auch explizit, seltener in Deutsch-

land oder Italien als in anderen westlichen Ländern, wie
Großbritannien, Frankreich, aber auch zunehmend in
den USA.

Diesen kommunitaristischen Argumentationsweg
werde ich nicht beschreiten. Ich halte an einer universalistischen Ethik und einer kosmopolitischen Philosophie fest, werde aber zeigen, dass sich die zentralen
kommunitaristischen Impulse in einer überzeugenden
Weise universalistisch und kosmopolitisch integrieren
lassen. Um dies vorzubereiten, wählen wir ein Beispiel
aus der Individualethik. Methodisch orientieren wir uns
dabei wieder am kohärentistischen Programm, das im
ersten Kapitel erläutert worden ist. Demnach nehmen
wir die Praxis, in der wir Begründungen vorbringen,
ernst und systematisieren diese. Wir nehmen keinen externen Standpunkt ein, sondern stützen uns auf Rechtfertigungen, die wir lebensweltlich akzeptieren. Unser
Beispiel ist die besondere moralische Verantwortung im
sogenannten Nahbereich, zwischen Eltern und Kindern,
zwischen Lehrern und Schülern, zwischen Freunden,
zwischen Lebenspartnern.

Niemand bestreitet, jedenfalls außerhalb des philosophischen Oberseminars, dass Eltern eine besondere
Verantwortung für *ihre* Kinder, dass Lehrer eine besondere Verantwortung für *ihre* Schüler, dass Freunde
eine besondere Verantwortung füreinander haben und
Lebenspartner ohnehin. Manche werden sich damit be-
gnügen, dies als Fakt festzustellen: So leben wir eben,
so rechtfertigen wir uns eben – im Alltag, in unserer
Lebenswelt, in unserer Praxis. Auf einem ganz anderen

Blatt stehe aber die Ethik und ihre Prinzipien. Dort hätten solche besonderen Verantwortungen keinen Platz. Das allerdings wäre einigermaßen merkwürdig, denn dann würde das, was wir als selbstverständlich verpflichtend empfinden, sich nicht in die ethische Theorie einfügen lassen. Wir müssten dann achselzuckend darauf verweisen, dass wir gar nicht anders könnten, als uns so zu verhalten, obwohl wir – als philosophische Ethiker – darüber aufgeklärt sind, dass es dafür keinen guten Grund gibt. Eigentlich müsste ich Kindern, unabhängig davon, ob sie meine eigenen sind oder nicht, jeweils die gleiche Aufmerksamkeit zuteilwerden lassen, und wenn sie diese Aufmerksamkeit nötiger hätten als meine eigenen, dann sollte ich mich doch entsprechend verhalten. Der prominenteste Vertreter einer solchen missverstandenen universalistischen Ethik ist der schon im ersten Kapitel erwähnte Peter Singer: Er hatte viel Geld für seine altersdemente Mutter eingesetzt und, darauf angesprochen, gesagt, dies sei tatsächlich moralisch unzulässig gewesen, da er mit dieser Summe andernorts weit mehr Leid hätte mildern können. Bei strikter universalistischer Anwendung des utilitaristischen Prinzips wäre so gut wie jede Form der Wahrnehmung unserer Pflichten gegenüber Nahestehenden moralisch unzulässig.

Man könnte sich darauf zurückziehen, wie es in der philosophischen Literatur teilweise geschieht, am universalistischen Prinzip festzuhalten, seine Realisierung aber als menschenunmöglich zu bezeichnen. Dies wäre zwar die Verletzung des alten römischen Rechtsprinzips *ultra posse nemo obligatur*, würde einen aber der Kritik dieser Ethiktypen entheben. Ich kann mich mit dieser, mir schizophren erscheinenden, Beruhigungsstrategie nicht anfreunden. Der eigentliche Test jeder ethischen Theorie ist ihre Konfrontation mit wohlerwogenen Praktiken und Begründungen. Wir haben gute Gründe, uns um unsere Freundinnen und Freunde zu kümmern, als Eltern für unsere Kinder zu sorgen, als Lehrer gegenüber unseren Schülern Verantwortung wahrzunehmen etc. Wenn eine ethische Theorie damit unvereinbar ist, dann ist diese ethische Theorie und nicht diese lebensweltliche Praxis gescheitert.

Tatsächlich sehe ich aber keinen Konflikt zwischen universalistischer Ethik und kosmopolitischer Philosophie mit unseren, nennen wir sie im Folgenden zusammenfassend *partikularen Pflichten*. Diese Kollision kommt nur zustande, wenn die universalistische Ethik allzu primitiv ist und etwa ein einziges – zum Beispiel utilitaristisches – Prinzip zugrunde liegt, das der Komplexität praktischer Gründe nicht gerecht werden kann. Dies lässt sich am folgenden Beispiel gut erläutern: Wir haben alle ein gemeinsames Interesse daran, dass Eltern für ihre Kinder sorgen, Lehrer für ihre Schüler Verantwortung übernehmen, Lebenspartner und Freunde füreinander einstehen etc. Wir wünschen uns, in einer Gesellschaft zu leben, die dieses Merkmal aufweist, oder anders formuliert: Wir wünschen uns eine je individuelle Praxis, die die Strukturen der Verantwortungswahrnehmung und Pflichterfüllung dieser genannten Arten bewahrt. Die je punktuelle Optimierung würde diese

Strukturen sprengen und Humanitätsverluste mit sich führen. Die ideale moralische Person (»the archangel«), meint der ethische Universalist Richard Mervyn Hare[10], braucht keine Strukturen, keine Institutionen, keine Regeln, er optimiert jeweils die Summe des Guten in der Welt. Aber kann sich der Erzengel wirklich wünschen, in einer Gesellschaft von Erzengeln zu leben? Nein, auch der Erzengel wird sich wünschen, dass Versprechen gehalten werden, dass es Freundschaften gibt, dass Eltern für ihre Kinder sorgen, dass man sich auf Lehrer verlassen kann.[11] Auch ein Erzengel wünscht sich nicht, in einer Gesellschaft von Erzengeln zu leben. Wenn dem aber so ist, dann ist nur ein gedanklicher Schritt nötig, um die partikularen, speziell kommunitären moralischen Verpflichtungen in eine universalistische und kosmopolitische Perspektive einzubetten. Dieser gedankliche Schritt wird vollzogen, indem wir von der Befürwortung einer allgemeinen Handlungsstruktur, also einer Art und Weise, wie Menschen handeln und leben, beziehungsweise von der Form, in der eine humane Gesellschaft organisiert sein soll, zur Beurteilung einer individuellen und konkreten Handlung übergehen. Diese individuelle und konkrete (Einzel-) Handlung sollte so gewählt werden, dass sie mit wünschenswerten (und realisierbaren) Strukturen vereinbar ist. Der kantische kategorische Imperativ stellt eine, allerdings sehr vergröberte, Form dieser Einbettungsrelation dar: *Handle so, dass die Maxime deines Willens jederzeit zu einem allgemeinen Gesetz werden könnte*[12], reicht nicht aus, um diese Einbettung zu bestimmen. Ich habe daher das *Konzept einer strukturellen Rationalität* entwickelt und verstehe darunter die Rechtfertigung einer Handlung im Hinblick auf eine wünschenswerte Struktur.[13] Die Einbettungsrelationen sind dabei vielfältig und oft nur mit großem methodischem Aufwand, auch unter Einbeziehung der Spieltheorie, zu analysieren. Oft liegen Unterbestimmtheiten vor, dann kann man nur sagen, dass diese oder jene konkrete Einzelhandlung mit keiner wünschenswerten Handlungsstruktur (Gesellschaftsform, allgemeiner Handlungsregel etc.) übereinstimmt, aber man kann nicht sagen, welche von den übereinstimmenden vorzuziehen ist. Die Einbettungsrelation selbst stellt in den meisten Fällen keine Eindeutigkeit dar, sie führt zu ethischer Unterbestimmtheit.

Die gesellschaftlichen und politischen Praktiken haben viele Methoden entwickelt, um diese Unterbestimmtheit zu beheben. Am prominentesten darunter ist die Entscheidung durch die Mehrheitswahl in der Demokratie. Es gibt diese oder jene Möglichkeit, Strukturen des Handelns zu etablieren, diese oder jene Möglichkeit, die Einzelhandlung einzubetten, aber da es wesentlich ist, dass die je individuellen Praktiken koordiniert sind, dass sie zueinander passen und kein Chaos durch die je individuellen Strategienwahlen entsteht, bedarf es einer koordinierenden Instanz. In vielen Fällen ist dies der Gesetzgeber, in anderen der lokale Verein, der für seine Mitglieder entsprechende Festlegungen trifft, oder der Familientisch am Sonntag, der den Ablauf des Tages berät und entscheidet etc. Die unterschiedlichen politischen Institutionalisierungen struktureller Rationalität weichen weit voneinander ab. Das heißt nicht, dass wir uns einen allgemeinen Relativismus zu eigen machen müssen, vielmehr ist dies in den meisten Fällen lediglich ein Hinweis auf das hohe Maß an struktureller Unterbestimmtheit. Das politische System, die gesellschaftliche Ordnung, die lokale Gemeinschaft muss jeweils diese ethische Unterbestimmtheit beheben, indem sie Festlegungen trifft. Diese erhalten dann selbst eine moralische Relevanz. Sie sind zwar in einer Hinsicht lediglich Konventionen (da sie ethische Unterbestimmtheit beheben), nach ihrer Etablierung aber ist in der Regel eine mit diesen Festlegungen nicht konforme Praxis auch ethisch unzulässig (geworden). Sogar Tischsitten, das in manchen Lehrbüchern gerne genannte Beispiel für bloße Konventionen, entfalten dann eine ethische Kraft. Wer sich an die Tischsitten einer bestimmten Kultur oder eines bestimmten Milieus nicht hält, kränkt den Gastgeber oder andere Gäste. Die Kränkung erfolgt, weil eine Konvention verletzt wird, eine Konvention, die auch hätte ganz anders bestimmt werden können, aber da sie nun einmal etabliert ist, ist eine Abweichung folgenreich, und diese muss die ethische Beurteilung berücksichtigen. Seine Schultern beim Betreten eines katholischen Gotteshauses zu bedecken, wird von Nichtgläubigen als eine bloße, auch möglicherweise alberne, Konvention empfunden. Sich nicht daran zu halten, kränkt die Gläubigen, die sich in diesem Gotteshaus aufhalten, und ist deswegen, auch unter ethischen Gesichtspunkten, problematisch.

Dieser schlichte Gedanke der Einbettung, oder etwas anspruchsvoller formuliert, der *strukturellen Rationalität*, nach der wir uns ohnehin in unserer Praxis ausrichten, die aber in der praktischen Philosophie der Gegenwart nur unzureichend berücksichtigt ist, hebt die vermeintliche Unvereinbarkeit kommunitärer und anderer partikularer Bindungen mit universalistischer Ethik und kosmopolitischer Philosophie auf. Wir müssen uns dann die Mühe machen, zu bestimmen, welche Praktiken als strukturell rational gelten können. Diese Beurteilung erfolgt nicht von außen nach innen: Wir können nicht lediglich eine ideale Welt kosmopolitischer Harmonie entwerfen und von dieser ausgehend bestimmen, wie die einzelne Person zu leben hat. Wir dürfen den Fehler des Aristoteles in der *Nikomachischen Ethik*, wo es am Ende des ersten Absatzes heißt: »Es ist leichter zu bestimmen, was für den Einzelnen gut ist, wenn man weiß, was für die Stadt gut ist«, nicht wiederholen. Hier besteht ein wechselseitiges Verhältnis.

Wenn das, was aus der globalen Perspektive sinnvoll erscheint, für die individuellen Lebensformen unzumutbar wird, dann muss auch wieder rückwirkend das kosmopolitische Ideal überprüft werden. Der Utopismus der frühen Neuzeit hatte diese gefährliche Schlagseite: zunächst losgelöst von dem, was wir in unserer Lebenspraxis für akzeptabel halten, zu bestimmen, was eine ideale, harmonische, wohlgeordnete Gesellschaft beziehungsweise einen solchen Staat ausmacht, um dann die Mittel zu bestimmen, die über Erziehung, Gängelung, Sanktionierung, Umerziehung etc. den Einzelnen in die Lage versetzen, dieses Ideal in seiner konkreten Lebensform zu realisieren. Die Inhumanität des Utopismus hat seinen Ursprung in einer rationalistischen philosophischen Methode. Das Scheitern der kommunistischen Weltbewegung ist auch Ausdruck einer verfehlten rationalistisch motivierten Politik.

Die zeitgenössische Philosophie muss diese rationalistische Schlagseite vermeiden und der Versuchung des Utopismus entgehen. Sie steht nicht außerhalb aller kultureller Praxis, sondern muss anschlussfähig bleiben, sie systematisiert Gründe, die uns vertraut sind, sie konstruiert keine prinzipiengeleiteten Systeme menschlichen Handelns, sie akzeptiert die Bindungen und Projekte, die eine humane (Welt-)Gesellschaft ausmachen, und integriert diese in eine kosmopolitische Perspektive.

IV. Kapitel

Internationale Gerechtigkeit: die globale Herausforderung

Ein berühmter Artikel von Thomas Nagel aus dem Jahr 2005[1] beginnt mit der These, dass die Welt, wie sie heute ist, nicht gerecht sei und dass das schwerlich bestritten werden könne. Ich stimme Thomas Nagel völlig zu und benenne zunächst einige Aspekte, die für diese These sprechen:

Die Welt ist nicht gerecht, weil viele Millionen Menschen chronisch unterernährt sind, obwohl die Agrarwirtschaft weltweit deutlich mehr produziert, als für die Deckung der Ernährungsbedürfnisse der gesamten Weltbevölkerung notwendig wäre.[2] Es hat sich schlicht als falsch herausgestellt, dass das Bevölkerungswachstum, wie zum Beispiel vom *Club of Rome* Anfang der 1970er Jahre prophezeit, zu einer immer stärker zunehmenden Nahrungsmittelknappheit führen müsse, angesichts der Begrenztheit der Anbauflächen und ihrer Zurückdrängung durch die Ausbreitung menschlicher Siedlungen. Es ist auch nicht primär die Industrialisierung der Landwirtschaft, die es ermöglicht, auf begrenzter Fläche die Ernährungsbedürfnisse der Weltbevölkerung zu befriedigen, vielmehr tritt Hunger meist als Begleitphänomen von Kriegen und Bürgerkriegen auf, als Folge der zynischen Politik lokaler Eliten, die sich über die Bedürfnisse der Bevölkerung und speziell der Landbevölkerung hinwegsetzen, aber auch als Folge drastischer Preissteigerungen von Grundnahrungsmitteln auf den regionalen und globalen Märkten.[3] Auch wenn der Zusammenhang umstritten ist[4], scheint es mir doch auf der Hand zu liegen, dass die zunehmende Praxis der Spekulation im globalen Lebensmittelhandel zur Instabilität der Preisentwicklung beigetragen hat. Starke Preissteigerungen schließen einen Teil der ärmsten Bevölkerung in den Elendsregionen der Welt vom Zugang zu Grundnahrungsmitteln aus und führen zu chronischer Unterernährung und zum täglichen Tod.[5] Aber auch der drastische Preisverfall von Nahrungsmitteln, die im globalen Süden produziert werden[6], kann der kleinteiligen Landwirtschaft dort die ökonomische Basis entziehen, Landflucht ist die Folge, das Fehlen von Arbeitskräften in der oft noch stark von Subsistenzwirtschaft geprägten kleinteiligen bäuerlichen Praxis lässt Flächen brachliegen und entzieht der Nahrungsmittelproduktion vor Ort wichtige personelle und natürliche Ressourcen.

Die Industrialisierung der Landwirtschaft und der Einsatz grüner Gentechnik, oft als Lösung der Ernährungssituation angepriesen, sind zumindest ambivalent. Zwar kann die intensivere Nutzung der Böden die

Nahrungsmittelproduktion ertragreicher werden lassen, zugleich aber führt sie dazu, dass viele Menschen ihre wirtschaftliche Existenz verlieren und die Subsistenzwirtschaft, die für weite Teile des globalen Südens nach wie vor für viele Menschen unverzichtbar ist, erodiert und teilweise massive Schäden auftreten. Dass es trotz des starken weltweiten Wirtschaftswachstums noch immer nicht gelungen ist, den Hunger in der Welt auszurotten, ist ein Armutszeugnis, und ich füge hinzu: Es zeigt die Ungerechtigkeit der Welt deutlich auf.

Die Welt ist ungerecht, weil ein Großteil der Weltbevölkerung im Elend verharrt, obwohl dieses Elend durch fairere Kooperationen weltweit zu beheben wäre. Je nach Kriterium für Elend beläuft sich das auf rund zwei Milliarden Menschen. Hier geht es nicht um die zweifelhaften Kriterien von Armutsgefährdung oder relativer Armut, wie sie den Armuts- und Reichtumsberichten, etwa der Bundesregierung, zugrunde liegen, wonach die Armut am Prozentsatz des Medianeinkommens gemessen wird, mit dem paradoxen Effekt, dass heute Menschen, die das doppelte durchschnittliche Realeinkommen der 1960er Jahre zur Verfügung haben, als arm oder armutsbedroht gelten. Allein die Tatsache, dass eine Gruppe oberhalb des Medianeinkommens zusätzliches Einkommen erwirbt und sich an der Einkommensverteilung dadurch nichts verändert, führt nach diesem (relativen) Kriterium zu einem Anstieg der Armut. Nein, es geht im Folgenden nicht um solche Armutskonstrukte, sondern um reale Armut, die sich darin ausdrückt, dass Menschen zum Beispiel von einer Kaufkraft von zwei US-Dollar am Tag leben müssen. Dies ist ein ökonomisches Kriterium von absoluter Armut, das den Üblichkeiten internationaler Vergleiche entspricht.

Es ist aber auch möglich, und es wird zunehmend praktiziert, dass man Armut nicht nur in verfügbarer Kaufkraft misst, sondern nach der Verfügbarkeit von Grundgütern, die für ein menschenwürdiges Leben unverzichtbar sind. Dazu gehören der Zugang zu elementaren Bildungseinrichtungen, die Möglichkeit, sich hinreichend gut zu ernähren, zu kleiden und ein Dach über dem Kopf zu haben, für andere sorgen zu können, etwa für eigene Kinder oder die alt gewordenen Eltern und Großeltern, und schließlich eine medizinische Grundversorgung. Diese weicheren Kriterien sind schwieriger zu messen, werden dem Armutsphänomen aber gerechter.[7] Erneut scheint auch hier folgender Zusammenhang mit der Gerechtigkeitsfrage zu bestehen: Wenn diese Armut, dieses globale Elend, das rund ein Drittel der Weltbevölkerung betrifft, unvermeidbar wäre, würden wir es beklagen, aber nicht als Ungerechtigkeit bezeichnen. Nichts spricht aber dafür, dass es unvermeidbar ist.[8] Wenn wir behaupten, das Elend sei vermeidbar, dann legen wir uns auf die These fest, der zufolge es Möglichkeiten gibt, es zu mindern oder zu beseitigen. Für Teilaspekte hierzu gibt es Schätzungen und Berechnungen. Wie viel würde es kosten, bestimmte Seuchen, wie etwa Malaria, weltweit auszurotten?[9] Wie viel würde es kosten, alle Menschen mit täglichem Trinkwasser zu versorgen?[10] Wie viel würde es kosten, sicherzustellen, dass Menschen hinreichend mit Nahrungsmitteln versorgt sind und sie keine Mangelerscheinungen aufweisen? Das betrifft nicht nur den Kalorienmangel, sondern auch den Mangel an Eiweiß, Vitaminen, Ballaststoffen und wichtigen Spurenelementen.

Die Ziele der Vereinten Nationen *(Millennium Developmental Goals)*[11] klingen gut, ja von humanistischem Geist getragen, wirken aber bei genauerer Betrachtung wie eine Kapitulationserklärung. Wie würde man darauf reagieren, wenn in einem Land, wie zum Beispiel Deutschland, ein Drittel unterernährt wäre und davon wiederum ein größerer Teil diese Unterernährung mit dem Tod, mit Siechtum, mit Knochenschwund, mit chronischer Krankheit, mit Arbeitsunfähigkeit etc. bezahlen müsste? Man würde keine Zwanzigjahrespläne aufstellen, sondern sich sofort daranmachen, diesen Missstand zu beheben. Ein Konzept zur Reduzierung der Hungertoten um zehn Prozent im Jahr wäre in Deutschland völlig inakzeptabel. Genau dieser Logik folgen aber die *MDGs.* Sie setzen sich – bescheidene – Reduktionsziele, deren Bescheidenheit noch dadurch kaschiert wird, dass den Prozentzahlen nicht absolute Zahlen zugrunde gelegt werden, sodass bei Bevölkerungswachstum und gleichbleibendem Elend behauptet werden kann, die Reduktionsziele seien erreicht worden.[12]

Auch hier werden manche Leser einwenden, dies sei doch nicht vergleichbar, denn in Deutschland, diesem reichen, industrialisierten und mit einer hoch entwickelten sozialen Infrastruktur ausgestatteten Land, müsste das Auftreten chronischer Nahrungsmittel-

knappheit bei einem Teil der Bevölkerung selbstverständlich als Skandal gelten, ganz anders verhalte sich
dies doch im globalen Rahmen. Aber überzeugt dieses
Argument wirklich? Ich rede hier vom Elend der Milliarden, die von einer minimalen Kaufkraft existieren
müssen, das angesichts der gewaltigen wirtschaftlichen Dynamik in allen Regionen der Welt, auch in Afrika, auch in Ost- und Südasien, auch in Südamerika,
mit einem kleinen Bruchteil des Weltsozialproduktes
zu beheben wäre. Ich rede nicht von Hartz-IV-Sätzen,
die zu globalisieren seien! Wenn eine deutsche Bundesregierung sich entschlösse, die Sozialhilfesätze
zu halbieren, um Migranten abzuhalten, gäbe es zu
Recht einen Aufschrei. Ja, es kann nicht sein, dass der
ärmste Teil der Bevölkerung weiter in die Verarmung
getrieben wird, das Bundesverfassungsgericht würde
einschreiten, da solche Sozialhilfesätze nach ständiger
Urteilspraxis des Bundesverfassungsgerichts die Men-
schenwürde verletzen. Dieses Niveau sozialer Absicherung zu globalisieren, mag unter den heutigen Bedingungen der Weltwirtschaft völlig unrealistisch sein.
Eine solche sozialstaatliche Garantie erfordert hohe
Steueraufkommen, eine funktionierende staatliche So-
zialverwaltung und ein dichtes Kooperationsgefüge zwischen Staat, Wirtschaft und Gesellschaft, wie es heute
nur in den ökonomisch entwickelten mittel- und nord-
europäischen Staaten realisiert ist. Ich rede hier von
der Bekämpfung des bittersten Elends in der Welt, und
nicht etwa von der Globalisierung des deutschen Sozialstaats.

Selbst die Konzentration des Vermögens bei den Reichsten der Welt interessiert mich in diesem Zusammenhang nicht. Gleichwohl ist es beeindruckend, zu erfahren, dass sich der Vermögenszuwachs in den USA, dem Land der weltweit meisten Milliardäre[13], seit Jahrzehnten auf die oberen ein bis drei Prozent der Bevölkerung konzentriert.[14] Oder man betrachtet die globale Vermögensverteilung: In fast allen Staaten der Welt haben die Vermögens- und Einkommensungleichheiten[15] in den vergangenen Jahrzehnten, man kann durchaus sagen, seit die neoliberale Agenda die nationalen und globalen Politiken und Praktiken zunehmend prägte, massiv zugenommen. Nimmt man schließlich die Weltgesellschaft als Ganze in den Blick, ist dieser Effekt weit weniger stark ausgeprägt, was im Wesentlichen jedoch mit der Entwicklung im bevölkerungsreichsten Staat der Welt, in China, zusammenhängt. Bleibt China in den Statistiken außen vor, gilt auch für die Weltgesellschaft, dass die Ungleichheiten dramatisch zugenommen haben.[16] Ungleichverteilungen sind aber per se ethisch irrelevant. Sie werden dann zum Gerechtigkeitsproblem, wenn sie zu Lasten der Schwächeren in der Gesellschaft gehen.

Im Rawls'schen Differenzprinzip gilt als Kriterium gerechtfertigter Ungleichheit, dass diese die Situation der am schlechtesten gestellten Personengruppe verbessert (genauer: so günstig wie nur möglich macht). Dies klingt paradox, ist es aber nicht. Manche Länder mit größeren Vermögens- und Einkommensunterschieden verzeichnen eine größere wirtschaftliche Dynamik, die auch den unteren Einkommensgruppen zugutekommen kann. Allerdings verdichten sich die Anzeichen, dass die dramatische Zunahme der Vermögens- und auch der Einkommensungleichheit[17] weltweit dazu führt, dass die staatlichen Bildungssysteme erodieren, dass die Oberschichten und oberen Mittelschichten ihre Kinder nicht mehr in die staatlichen Schulen schicken, dass der Geldbeutel der Eltern immer einflussreicher auf die Bildungsentwicklung der Kinder wirkt, dass auf Eliteschulen die Kinder aus bestimmten Familien weitgehend unter sich sind, dass eine neue Segregation, ja eine neue Klassengesellschaft sich verfestigt.[18] Es ist der Ausschluss der vielen durch die zunehmenden ökonomischen Möglichkeiten der wenigen, der uns Sorge bereiten muss. Zudem führen große Kapitalakkumulationen meist auch zu Möglichkeiten der politischen Einflussnahme, am Ende zu Systemen, wie man sie etwa in der Ukraine beobachten kann, wo wenige Oligarchen die politischen Geschicke des Landes steuern und dafür sorgen, daraus auch selbst ökonomischen Vorteil zu ziehen. Selbst die sympathische Variante der Verbesserung der Welt durch Milliardäre (Bill- und Melinda-Gates-Stiftung etc.) ist ein Beitrag zur Refeudalisierung der Weltgesellschaft: Einige wenige Familien bestimmen über die Geschicke der Staaten und der Menschheit. Zudem trägt die globale Vermögenskonzentration zu vagabundierenden Kapitalien bei, die die Stabilität der Weltfinanzmärkte und der Weltwirtschaft als Ganze bedrohen. Der irritierende Konsens zwischen Links-Keynesianern und Finanzinvestoren, die für eine weitere Staatsverschuldung bei schon heute hohem globalem Niveau plädieren, verstärkt die Abhängigkeit der Weltgesellschaft von denjenigen, die über große Kapitalien verfügen. Es gibt ökonomische Interessen, die sowohl das japanische Modell der Staatsverschuldung bei der eigenen Bevölkerung als auch das deutsche Modell sinkender Staatsverschuldung und vermeintlicher Austeritätspolitik so unbeliebt machen: Es macht diese Staaten von den globalen Finanzmärkten und ihren Geldgebern unabhängiger.

Ungleichverteilung ist nicht per se ein Indiz für Ungerechtigkeit, sondern nur infolge einer Ungleichbehandlung von Individuen oder wenn sie die ohnehin Benachteiligten weiter benachteiligt. Der gleiche individuelle Respekt, den Menschen verdienen, verlangt nach Gleichbehandlung als Bürger und als Menschen. Die Gleichbehandlung als Bürger wird im Idealfall durch die Bürgerrechte und ihre rechtsstaatliche Durchsetzung garantiert. *Die Gleichbehandlung als Menschen verlangt nach einer gerechten Welt.*

In der politischen Philosophie der Gegenwart werden Gerechtigkeitsfragen an institutionelle Strukturen gekoppelt. Anders formuliert: Viele zeitgenössische Philosophen meinen, dass man von Gerechtigkeit nur im Rahmen eines institutionell verfassten politischen Systems sprechen kann und nicht unabhängig davon. Die Erfordernisse der Gerechtigkeit richten sich demnach an diese Strukturen. Rawls spricht von der *basic structure*, die ganz unterschiedliche Institutionen beinhalten kann, wie etwa den ökonomischen Markt, den Sozialstaat oder Rechtsnormen. Ich schlage vor, um Konfusionen zu vermeiden, zwischen *Gerechtigkeit im weiteren Sinne* und *politischer Gerechtigkeit* im engeren Sinne zu unterscheiden. Gerechtigkeitsfragen treten immer dann auf, wenn es um die relative Stellung von Individuen zueinander und den Einfluss geht, den unsere Praxis darauf hat. Es ist ungerecht, den fünf Gästen auf einem Kindergeburtstag unterschiedlich große Kuchenstücke zu geben, wenn alle möglichst viel vom Kuchen abhaben wollen, außer es gibt dafür gute Gründe: Das eine oder andere Kind verträgt vielleicht nicht so viel Kuchen, man mag auch Differenzierungen nach dem Alter vornehmen oder nach der Körpergröße etc., fest steht aber, es ist ungerecht, wenn willkürlich eine Ungleichverteilung erfolgt. Hier ist die Machtstellung der Kuchen verteilenden Mutter des Geburtstagskindes irrelevant. Auch wenn sich ein Kind bereit erklärt, den Kuchen zu verteilen und selbst über keine Macht verfügt, würde es die anderen Gäste der Party ungerecht behandeln, wenn es ohne Begründung den Kuchen ungleich aufteilt. Ungerechtigkeit verletzt, so könnte man sagen, den gleichen Respekt, der allen zukommt.

Politische Gerechtigkeit bezieht sich auf politische Praxis, und diese ist in der Regel an Institutionen gebunden. Der Versuch jedenfalls, Fragen der internationalen Gerechtigkeit dadurch abzublocken, dass man auf die fehlenden oder nur unzureichend entwickelten internationalen Institutionen verweist, kann nicht überzeugen. Eine Praxis ist ungerecht, wenn sie Menschen nicht den gleichen Respekt erweist, unabhängig davon, ob das Interaktionsgefüge institutionell verfasst ist oder nicht. Im Übrigen sollte man sich nicht täuschen, was die politische Gestaltung der Weltverhältnisse angeht. Die verschiedenen, schon abgeschlossenen oder in Verhandlung befindlichen weltweiten Handelsverträge bestimmen über die Verteilung von Reichtum und Armut mit. Manche Experten meinen, der gegenwärtig verhandelte Vertrag zwischen der EU und Westafrika würde, wenn er denn in Kraft tritt, die Fluchtursachen und damit den Strom der Menschen aus Regionen südlich der Sahara nach Europa verstärken und nicht abschwächen. Auch die Freihandelspolitik hat konkrete Verteilungswirkung. Umgekehrt können Zölle dazu beitragen, sich entwickelnde Länder des globalen Südens in Abhängigkeit und Armut zu halten. John Rawls war der Auffassung, dass sich seine Theorie der Gerechtigkeit, entgegen dem, was seine »Schüler« Thomas Pogge und Charles Beitz, aber auch Brian Barry[19] vorschlugen, nicht globalisieren lasse, weil sich zwar der Nationalstaat als ein System der Kooperation verstehen ließe, dessen Früchte dann fair zu verteilen sind, Gleiches aber für die Weltwirtschaft und die Weltgesellschaft nicht gelte, denn dort agierten einzelne Nationalstaaten als Akteure. Dem ist allerdings entgegenzuhalten, dass schon in den 1990er Jahren, als John Rawls diese These näher in *The Law of Peoples*[20] begründete, erst recht aber nach den weiteren Jahren der Globalisierung und internationalen Vernetzung die Austauschbeziehungen so eng geworden sind, dass diese säuberliche Trennung von nationalstaatlichem Gerechtigkeitssinn und inter-

nationaler Gerechtigkeitsindifferenz nicht mehr überzeugen kann. Jedenfalls ist die Tatsache, dass Nationalstaaten ein komplexes politisches Institutionensystem
entwickelt haben, zu dem es auf globaler Ebene keine
Entsprechung gibt, kein hinreichender Grund, allen-
falls einen ausgedünnten Gerechtigkeitsbegriff auf die
globalen Verhältnisse anzuwenden.

V. Kapitel

Ethische Aspekte der Armutsmigration

Es gibt sehr unterschiedliche Motive, die Menschen dazu bewegen, ihre Heimat zu verlassen und in andere Weltregionen aufzubrechen. Eine davon ist der völlig legitime Wunsch, die eigene sozioökonomische Lage zu verbessern. Wenn man Migration im weitesten Sinne als die Veränderung des Wohnortes fasst, dann fallen auch die großen Wanderungsbewegungen, die Italien im 20. Jahrhundert erlebt hat – vom Landesinneren an die Küsten, vom Land in die Städte, vom Süden in den Norden –, unter (Binnen-)Migration. Im engeren Sinne wird unter Migration nur der Wohnortwechsel vom einen Land in ein anderes verstanden. Aber auch diese engere Bestimmung ist insofern unscharf, als dadurch die Zufälligkeiten der staatlichen Organisation eine allzu große Rolle spielen. So besteht die USA aus 50 Bundesstaaten, und wenn man deren Grenzüberschreitungen zur Migration hinzuzählte, würde Nordamerika[1] weltweit vermutlich zumindest im Anteil der Migrierenden an der Gesamtbevölkerung, möglicherweise sogar in absoluten Zahlen, die stärkste Migration aufweisen, angesichts der ungewöhnlich hohen Mobilität der US-amerikanischen Gesellschaft.

Nicht jede Migration kann als eine Flucht bezeichnet werden. Weder die italienischen *cervelli in fuga,* die akademischen »Hirne auf der Flucht«, sind wahre Flüchtlinge, wenn sie das Land in großen Zahlen verlassen, um ihre berufliche Zukunft im Ausland, in Deutschland, in Großbritannien, in den USA zu suchen, auch wenn sie die extrem hohe Jugendarbeitslosigkeit und die schlechten Jobaussichten für Hochschulabsolventen dazu treiben. Noch kann die Abwanderung hoch qualifizierter Ärzte aus Südamerika in die USA oder aus Afrika nach Europa als eine Flucht bezeichnet werden, da diese in ihren Heimatländern zu den bestbezahlten Arbeitskräften zählen. Flüchtlinge, so können wir vorläufig definieren, sind diejenigen Migranten, die gezwungen sind, ihre Heimat zu verlassen. Mehrere Millionen Deutsche flohen nach dem Zweiten Weltkrieg aus den sogenannten deutschen Ostgebieten, da sie dort nicht mehr geduldet wurden. Vor dem Hintergrund der Nazi-Gräueltaten im Osten eine durchaus nachvollziehbare Reaktion, die die unmenschlichen Begleitumstände der Vertreibung allerdings nicht rechtfertigen können. Das Flucht- und Vertreibungsmuster während und nach dem Zweiten Weltkrieg entspricht ähnlichen Vorgängen auf der ganzen Welt. Wenn Krieg oder Bürgerkrieg wütet, werden die jüngeren Männer im Kampf eingesetzt, ihre Familien versuchen sich in Sicherheit zu bringen. Die betroffenen Regionen und Städte entvölkern, zurück bleiben die Kämpfer in ihren Stellungen und die Toten auf der

Straße. Die neuen Kriege, in denen nicht Staaten gegeneinander, sondern Ethnien, Sprachgemeinschaften oder örtliche Warlords gegeneinander kämpfen, erhöhen den Blutzoll der Zivilbevölkerung und üben oft einen über Jahre anhaltenden Vertreibungsdruck aus. Wenn das Leben an einem Ort unerträglich geworden ist, wenn die Gefahr für Leib und Leben immer größer wird, suchen Menschen Zuflucht an anderen Orten. Aber auch Hungersnöte, zum Beispiel durch anhaltende Trockenheit, können Fluchtbewegungen auslösen. Insbesondere in Regionen, in denen die Subsistenzwirtschaft dominiert, in denen also Nahrungsmittel für den eigenen Gebrauch angebaut werden, zwingen Dürreperioden dazu, das Land zu verlassen, wenn Menschen nicht durch Nahrungsmittelhilfe von außen Unterstützung erhalten. Die Ausdehnung der Wüstenregion in der Sahelzone in Afrika, vermutlich eine Folge des Klimawandels, hat zu lokalen Fluchtbewegungen beigetragen.

Jene, die in der Debatte gelegentlich als *Bottom Billion* bezeichnet werden, Menschen, die von weniger als 1,25 US-Dollar Kaufkraft am Tag leben müssen[2], können sich nicht auf den Weg in die USA, nach Kanada, Australien, in der Regel nicht einmal nach Europa machen. Die Kosten, die transkontinentale Migration für jede Person bedeuten, sind derart hoch, dass der ärmste Teil der Weltbevölkerung davon weitgehend ausgeschlossen ist.[3] Und das betrifft nicht allein die unterste Milliarde, sondern auch die zweite und möglicherweise auch die dritte Milliarde der Ärmsten der Welt. Die Armuts- und Elendsmigration bleibt daher in der Regel lokal.[4] Es hat in den vergangenen Jahrzehnten massive Bevölkerungs-verschiebungen auf dem afrikanischen Kontinent gege-ben, die von der Weltöffentlichkeit kaum wahrgenom-men wurden. In den ärmsten und trockensten Gebieten Ostafrikas dünnt die Bevölkerung aus, trotz einer hohen Fertilitätsrate.[5]

China hat, fast unbemerkt von der Öffentlichkeit, eine Art Apartheidregime eingeführt, das die Einwan-derung in die chinesischen Metropolen für die Landbe-völkerung reglementiert.[6] In großen Teilen des Landes herrscht trotz einiger Jahrzehnte starken Wirtschafts-wachstums bitterste Armut, die ohne diese staatliche Reglementierung vermutlich zur Ausbildung von größe-ren Slumregionen in den und am Rande der Metropolen wie Schanghai oder Peking geführt hätte, wie man dies aus südamerikanischen und afrikanischen, auch indi-schen Städten gewohnt ist. Die Landbevölkerung ver-lässt ihre Heimat, weil sie selbst in einer Favela in Rio de Janeiro eine bessere und kontinuierliche Versorgung mit Nahrungsmitteln, Wasser und Kleidung vorfindet und notfalls auch medizinische Hilfe erwarten kann. Armuts- und Elendsmigration wird durch die Vernach-lässigung der ländlichen Bevölkerung und der Entwick-lung der Landwirtschaft, durch klimatische Verände-rungen, aber auch ethnische Konflikte, Bürgerkriege und Kriege ausgelöst. Das weite Feld der Bürgerkriegs- und Kriegsflüchtlinge bleibt in diesem Kapitel außen vor und wird eigens in Kapitel sechs behandelt.

Die These, die ich im Folgenden begründen möch-te, lautet: *Transkontinentale Migration ist kein geeignetes*

Mittel, um Armut und Elend in der Welt zu bekämpfen. Auch wenn man diese These am Ende akzeptiert, sind die konkreten und sehr komplexen ethischen Implikationen für die Migrationspolitik erst noch zu klären.

Aus einer kosmopolitischen Perspektive ist Armutsmigration in der Regel die schlechteste Form der globalen Armutsbekämpfung. Auch wenn die Migrierenden selbst aus den Armutsregionen des globalen Südens oder Ostens in die Reichtumsregionen Nordamerikas und Mittel- und Nordeuropas gelangen, dort Aufnahme finden und sich auf dem Arbeitsmarkt und längerfristig in die neue Gesellschaft integrieren, zeigen Untersuchungen doch die immensen psychischen, kulturellen und sozialen Belastungen, die damit verbunden sind.[7] Die europäischen Gesellschaften, in die diese Menschen aus Afrika gelangen, sind ihnen in vieler Hinsicht fremd: die Organisation des Alltags, die Familienstrukturen, der Arbeitsmarkt, das Rechtssystem etc. Ein Land wie Italien, das einen großen Teil der Flüchtlinge aus Afrika in den letzten Jahren aufgenommen hat, kümmert sich leidlich wenig um ihre soziale und ökonomische Integration, lässt sie aber gewähren.[8] In der Folge verdingen sich Tausende junger schwarzer Männer in den Städten damit, Autofahrer auf eine freie Parklücke hinzuweisen und sich dies durch einen oder zwei Euro vergüten zu lassen. Andere klappern unaufhörlich die Restaurants und Bars ab, um Rosen zu verkaufen. Ein Teil bettelt auf den Straßen[9], ein anderer Teil – auch das gehört zur Realität – verdient sich mit halb legalen oder illegalen Tätigkeiten ein Zubrot. Es sieht nicht danach aus, dass die italienische Ökonomie und die Zivilgesellschaft die Migranten, von denen Tausende auf dem Weg durch die Sahara und über das Mittelmeer ihr Leben lassen mussten, integrieren werden. Wenn die Kosten, die der italienische Staat dennoch für die Aufnahme und Versorgung der Flüchtlinge aus Afrika aufwendet, für die Armuts- und Elendsbekämpfung vor Ort eingesetzt würden, wäre dies um ein Vielfaches wirksamer.[10] Die Integration wird auch deswegen erschwert, weil es sich ganz überwiegend um junge, alleinstehende Männer[11] handelt, die den beschwerlichen Weg, Tausende von Kilometern durch die Sahara, oft durch das libysche Bürgerkriegsgebiet, und schließlich eine hochgefährliche Überfahrt in den meist nicht seetüchtigen Booten, geschafft haben. Älteren, Kindern und Frauen würde dies noch weit schwerer fallen. Die zurückgebliebenen Familien haben in der Regel ihr gesamtes verfügbares Bargeld zusammengekratzt, um die Auswanderung nach Europa, die Fahrtkosten, die Schlepper etc. zu finanzieren. Sie erwarten, dass diese Mittel zurückgezahlt werden, dass weitere Familienmitglieder nachkommen können, dass am Ende die Hoffnungen, die mit der Migration verbunden sind, erfüllt werden. Dies ist aber offenbar nur äußerst selten der Fall. Die Qualifikationen der Immigranten werden auf dem europäischen Arbeitsmarkt nicht gebraucht, oder es gibt in den in Frage kommenden Tätigkeitsfeldern bereits eine hohe einheimische Arbeitslosigkeit.[12] In vielen Ländern wird die Aufnahme einer geregelten Arbeit sogar während des laufenden und oft lang andauernden Asylverfahrens unterbunden.

Es ist verständlich, dass die wenigsten Immigranten die Bereitschaft aufbringen, sich in einem mühsamen Verfahren nachzuqualifizieren, etwa im Rahmen des deutschen dualen Systems, das zwischen zwei und fünf Jahre in Anspruch nimmt und mit einem geringen Einkommen verbunden ist.[13] Der Arbeitsmarkt für ungelernte Hilfskräfte ist aber angesichts der hohen Arbeitslosigkeit von Unqualifizierten in allen europäischen Ländern gedeckt. Damit geraten sie in einen Interessenkonflikt zum einheimischen Prekariat, das sich zudem die Stadtquartiere mit Neuankömmlingen teilt. Die sozialen, politischen und kulturellen Spannungen nehmen zu, was die ökonomische Besserstellung, die nach Untersuchungen meist mit erfolgreicher transkontinentaler Migration verbunden ist, beeinträchtigt. Viele der Immigranten berichten, dass es ihnen psychisch schlecht geht, auch wenn sie die erhofften ökonomischen Vorteile erreicht haben.[14]

Utilitaristische Effizienzkriterien, also die Beurteilung einer Handlung danach, in welchem Umfang sie dazu beiträgt, Leid zu mindern und Wohlergehen zu mehren, ist immer dann zulässig, ja geboten, wenn die Erfüllung dieses Prinzips nicht in Konflikt mit anderen – gewichtigeren – Handlungsgründen gerät. Unter utilitaristischen Gesichtspunkten ist die transkontinentale Migration von Armen in reiche Regionen ineffektiv, da die Integrations- und Migrationskosten pro Kopf so hoch sind, dass der Einsatz auch nur eines Teils dieser Mittel zur Armutsbekämpfung bei Weitem sinnvoller wäre. Die Abwehrthese, dass sich diese Alternativen nicht

stellen, ist nicht allein angesichts der jüngsten migra-
tionspolitischen Entwicklung abwegig. So hat sich die
deutsche Bundesregierung unterdessen entschieden,
der Bekämpfung der Migrationsursachen hohe Priorität
einzuräumen, und ist dazu bereit, viele Milliarden zu
investieren.[15] So sieht der – unter politischen wie ethischen Gesichtspunkten hochproblematische – 2016 ge-
schlossene Vertrag mit der Türkei[16] umfangreiche Zahlungen vor, die eine menschenwürdige Existenz für die
Flüchtlinge in der Türkei garantieren sollen.

Auch unter dem Gesichtspunkt allgemeiner Zustimmungsfähigkeit, also einer kontraktualistischen Perspektive internationaler Gerechtigkeit, schneidet die
transkontinentale Migration als Methode der Armutsbekämpfung aus. Dies hängt vor allem damit zusammen, dass die Herkunftsregionen unter der Abwanderung leiden, dass also die ohnehin schon schlecht
gestellten Gruppen noch schlechter gestellt werden (vgl.
Kapitel sieben). Dies ist übrigens ein Begleitphänomen
fast aller dokumentierter größerer Migrationsbewegungen, etwa auch jener aus Europa in die USA: Diese hat
den verarmten Regionen in Irland, in Süditalien oder
im deutschsprachigen Raum per Saldo nicht geholfen,
sondern geschadet. Ein rationaler und fairer globaler
Gerechtigkeitsvertrag würde sich das Rawls'sche Prinzip
der vorrangigen Unterstützung der schlechter Gestellten
zu eigen machen, und dieses Prinzip spricht nicht für
transkontinentale Migration als Antwort auf die globale
Elendsproblematik.

Nun muss ein weiteres empirisches Phänomen Berücksichtigung finden, welches aus verständlichen Gründen der Wahrnehmung in den reichen Ländern des globalen Nordens nicht entspricht: Die hier Ankommenden gehören in ihren Heimatregionen in der Regel nicht zu den am meisten Hilfsbedürftigen. Wer mehrere Tausend Dollar aufbringen kann, um von Ghana nach Sizilien zu kommen, gehört mit Sicherheit nicht zur *Bottom Billion* der Weltpopulation. Auffällig ist, dass die jüngste transkontinentale Migration nach Europa zudem von einer starken *Gender-Bias* geprägt ist, das heißt, über zwei Drittel[17] der Migrierenden sind Männer, die große Mehrheit im Alter zwischen 14 und 34.[18] Dies lässt vermuten, dass es sich doch in höherem Maße, als man angesichts der vorgegebenen Flüchtlingsgründe annehmen könnte, auch um sozioökonomisch motivierte Migration und nicht nur um Flüchtlinge aus Bürgerkriegs- und Kriegsgebieten handelt.[19] Denn wie kann es sein, dass die verletzlichsten Teile der Bevölkerung, die Kinder und Älteren, auch die Frauen, zurückbleiben können, während die jungen und starken Männer zur Flucht gezwungen sind? Sicherlich ist es für Männer, die aus einer Region mit Kriegs- und Bürgerkriegsgeschehen fliehen, ein wichtiger Grund, dass sie dem direkten Kampfgeschehen entkommen können.[20] Eine Flucht für Frauen ist auch weitaus gefährlicher, wenn sie zum Beispiel in den Flüchtlingslagern männlicher Gewalt ausgesetzt sind, und sollten sie ohne männliche Begleitung fliehen, werden ihnen innerhalb der Hierarchie im Flüchtlingscamp kaum Rechte zugesprochen.[21] Trotzdem steht die hohe Anzahl migrierender Männer in einem offenkundigen Gegensatz zu den großen Flüchtlingsströmen aus der jüngeren Geschichte als Folge von Krieg und Bürgerkrieg, was die Vermutung nahelegt, dass hier eine sich wechselseitig stützende gravierende Fehlperzeption vorliegt. Die Migrationsbewegungen aus Afrika, südlich der Sahara, weisen eine ähnliche Zusammensetzung der Geschlechter auf[22], denn es machen sich vor allem einzelne, besonders belastbare und arbeitsfähige jüngere Männer auf den Weg nach Europa. Auch hier scheint es sich nicht um genuine Fluchtbewegungen zu handeln, obgleich das Motiv, die eigene miserable ökonomische Lage und die der Familie zu verbessern, sehr gut nachvollziehbar ist und keinerlei Kritik verdient. Für die ethische Beurteilung hat diese Beobachtung jedoch weitreichende Folgen: Wenn es nicht die am meisten Hilfsbedürftigen sind, die über die europäischen Grenzen kommen, stellt sich die Frage, ob die Fokussierung der Hilfsbereitschaft auf diejenigen, die den beschwerlichen und gefährlichen Weg zu uns genommen haben, nicht eine Vernachlässigung all derjenigen darstellt, denen die finanziellen und physischen Möglichkeiten dazu fehlen, die aber in weit höherem Maße unsere Unterstützung verdienen. Eine ethische Pflichtverletzung stellt eine solche Vernachlässigung jedenfalls dann dar, wenn es möglich wäre, den Zurückgebliebenen zu helfen, wir dieses aber unterlassen, weil wir gewissermaßen abwarten, wer in unser Gesichtsfeld kommt.[23]

Nimmt man statt einer utilitaristischen oder kontraktualistischen eine Menschenrechtsperspektive auf internationale Gerechtigkeit ein, stellt sich die Situation ambivalenter dar. Nach einer weitverbreiteten Interpretation binden Menschenrechte Staaten und höchstens mittelbar einzelne Personen. Diese Bindung von Staaten ist zunächst eine solche gegenüber ihren eigenen Bürgerinnen und Bürgern und gegenüber allen Menschen, die als dauerhaft oder vorübergehend sich dort Aufhaltende der Jurisdiktion dieses Staates unterstehen. Darüber hinaus binden Menschenrechte Staaten im internationalen Verhältnis. Zwängen mächtige Staaten anderen, weniger mächtigen Staaten die von ihnen gewünschte Regierungsform auf, würde dies eine Verletzung des Menschenrechts auf kollektive Selbstbestimmung darstellen. Menschenrechte definieren überwiegend negative Pflichten, also Pflichten der Unterlassung, keine positiven Pflichten, etwas aktiv herbeizuführen. Die globale Armutsbekämpfung gehört daher zunächst nicht zu den menschenrechtlichen Verpflichtungen. Über den Umweg der Institutionalisierung ökonomischer, sozialer und politischer Beziehungen in der Weltgesellschaft aber gewinnen die Menschenrechte an normativer Kraft. Wenn eine bestimmte institutionell verfestigte internationale Praxis zum unnötigen Tod oder zur unnötigen Mangelernährung, zu unnötigem Elend von Millionen von Menschen führt, dann machen sich diejenigen, die sich an dieser Praxis beteiligen, schuldig. Sie verletzen das Recht auf körperliche Unversehrtheit und menschenwürdige Existenz. Vieles spricht dafür, dass ein Großteil des Elends in der Welt Folge solcherart institutionell verfestigter internationaler ökonomischer und politischer Praxis ist, dass die Aufrechterhaltung dieser Praxis folglich eine Menschenrechtsverletzung darstellt. Wenn aktuelle Handelsbeziehungen und ihre Regulierungen also dazu führen, dass die Welthandelspreise für Grundnahrungsmittel extremen Schwankungen unterworfen sind und die lokalen Subsistenzwirtschaften ruiniert werden, dann machen sich Staaten oder auch individuelle ökonomische Akteure, die sich an dieser Praxis beteiligen, schuldig, Menschenrechte zu verletzen. Der Rückzug auf eine Politik großzügiger Aufnahme, anstatt eine Politik der Reform der Weltwirtschaft anzugehen, ist hier in meinen Augen auch in der dritten normativen Perspektive internationaler Gerechtigkeit ein ethisches Unrecht.

Allerdings haben wir für einen Kosmopolitismus geworben, der die partikularen, die kommunitären, besonderen Bindungen integriert (vgl. Kapitel III). Die globale Betrachtung erfasst nicht die gesamte ethische Komplexität der Armutsmigration. Denn auch wenn es wünschenswert ist, dass effektivere Mittel eingesetzt würden, um den Ärmsten der Welt zu helfen, auch dann, wenn wir es für eine ethische Pflicht der Weltgemeinschaft, zumal der Vereinten Nationen halten, die Bedürfnisse der *Bottom Billion* zu priorisieren, so besteht dennoch stets die partikulare Pflicht, Hilfe gegenüber jenen zu leisten, die Hilfe benötigen und mit denen wir in ein unmittelbares Interaktionsverhältnis treten. Dies gilt für all die Flüchtlinge, die den beschwerlichen Weg bewältigt haben und sich an den Grenzen Deutschlands befinden. Dadurch entstehen besondere Hilfspflichten gegenüber diesen Personen, die nicht mit jenen vergleichbar sind, die Tausende Kilometer entfernt leben und mit denen keine vergleichbare Interaktion besteht. Ein Vergleich aus dem Nahbereich unserer Praxis kann dies verdeutlichen: Wenn wir auf dem Wege mit dem Sturz einer Person konfrontiert werden, haben wir eine unmittelbare Hilfspflicht. Wir unterstehen dieser ebenso, wenn es uns mit geringerem Aufwand, zum Beispiel durch die Überweisung eines kleinen Geldbetrages an eine Kinderhilfsorganisation, möglich wäre, größeres Leid zu mildern. Mit anderen Worten: Unsere Praxis ist eingebettet in die Strukturen menschlicher Interaktion, die wir aufrechterhalten wollen und zu denen die Verpflichtung gehört, in solchen Fällen Hilfe zu leisten. Ein anderes Beispiel: Da die Ressourcen für medizinische Versorgung nicht unbegrenzt sind, sollten diese so eingesetzt werden, dass sie möglichst viel Leid mindern. Wenn aber der behandelnde Arzt in jedem Einzelfall seinem Patienten nur den Umfang der für ihn verfügbaren Ressourcen zur Verfügung stellte, der einem solchen Optimierungskriterium entspräche, wäre das Arzt-Patienten-Verhältnis zutiefst gestört. Der Patient könnte nicht mehr davon ausgehen, dass der Arzt alles in seiner Macht Stehende unternähme, um sein Leid zu mildern. Die Rationierung muss, wenn sie nötig ist, auf einer höheren Ebene stattfinden, sie darf nicht unmittelbar auf das Arzt-Patienten-Verhältnis durchgreifen.

Wenn wir mit konkretem Leid konfrontiert sind, sind wir verpflichtet, unseren angemessenen Beitrag zu leisten, um dieses Leid zu mildern. Selbst wenn die Menschen, die es bis an unsere Grenzen schaffen, nicht zu den Ärmsten der Welt gehören; und auch wenn der Aufwand, der für ihre Integration erforderlich ist, weit über den Summen liegt, die erforderlich wären, um größeres Leid in den Elendsregionen der Welt zu mildern, haben wir diese konkrete Verpflichtung. Die zynische Strategie, man solle doch alles unterlassen, was die auf dem Mittelmeer in Not geratenen Migranten rettet, um entsprechende Abschreckungswirkung auf die globalen Migrationsbewegungen zu entfalten, verletzt Grundprinzipien humaner Praxis.[24]

Das Phänomen der Armutsmigration führt zu einem genuinen ethischen Dilemma, das sich im *Konflikt zweier Gleichbehandlungsprinzipien* äußert. Wir haben die Pflicht, die Neuankömmlinge in unserem Land gleich wie die hier Lebenden zu behandeln, außer wir haben gute, rechtfertigende Gründe für eine Ungleichbehandlung hinsichtlich spezifischer Merkmale. Die von der britischen Regierung vor dem Brexit geforderte Ungleichbehandlung von Immigranten aus der EU mit den hier schon länger heimischen EU-Bürgern ist dafür ein Beispiel. Demnach soll ein Sozialhilfeanspruch für Einwanderer nach Großbritannien, zum Beispiel aus den EU-Staaten (v. a. Polen, Ungarn, Tschechische Republik, Slowakei), trotz Arbeitnehmerfreizügigkeit erst nach einer bestimmten Aufenthaltszeit von vier Jahren entstehen.[25] Die deutsche Bundesregierung hat sich, befürwortet von der Sozialministerin Andrea Nahles, dieser Praxis angeschlossen. Diese Ungleichbehandlung wird damit gerechtfertigt, dass ansonsten Anreize gesetzt werden, die man vermeiden will (»Einwanderung in die sozialen Sicherungssysteme«). Zugleich haben wir ein Gleichbehandlungsgebot hinsichtlich der Hilfsbedürftigen im globalen Süden zu berücksichtigen. Sofern wir die Weltgesellschaft als ein im Ganzen kooperatives System mit zahlreichen wechselseitigen Interaktionen verstehen, sollten die Strukturen dieser Ordnung Ausdruck des gleichen Respekts gegenüber jedem menschlichen Individuum sein. Das utilitaristische, kontraktualistische und menschenrechtliche – kosmopolitische – Gebot, das verbreitete Elend im globalen Süden zu lindern, verlangt nach einer Praxis, die denjenigen mehr Beachtung schenkt, die vom Elend in höherem Maße betroffen sind.[26]

Gleichbehandlung verlangt hier Unterstützung nach dem Maß der Bedürftigkeit. Die besondere Beachtung, die diejenigen erfahren, die sich auf den Weg nach Europa oder Nordamerika oder Australien gemacht haben, verletzt dieses Gleichbehandlungsgebot; sie werden, unabhängig von ihrer Bedürftigkeit, gegenüber den Zurückgebliebenen in den Elendsregionen deutlich bevorzugt. Die Gleichbehandlung der Ankommenden mit den Zurückgebliebenen würde allerdings zu einer dramatischen Ungleichbehandlung der Ankommenden mit den schon Heimischen führen. Beide Gleichbehandlungsprinzipien sind simultan nicht erfüllbar. Was immer wir tun, wir verletzen eines von diesen und werden damit einem zentralen ethischen Erfordernis nicht gerecht.

Hier scheint mir ein genuines, das heißt nicht befriedigend auflösbares, *ethisches Dilemma* vorzuliegen. Das Dilemma würde erst verschwinden, wenn die Armutsmigration zum Erliegen käme, im günstigsten Fall dadurch, dass die ökonomische Benachteiligung im globalen Süden durch eine veränderte Weltwirtschafts- und Weltsozialpolitik beendet wird. Das Elend in den Armutsregionen ist gegenwärtig schon rein quantitativ so groß, dass eine Milderung durch transkontinentale Migration immer nur ein Tropfen auf den heißen Stein bedeutete. Es ist schlechterdings unvorstellbar, dass zwei Milliarden Menschen ihrer extremen Armut dadurch entkommen, dass sie in die reichen Regionen der Welt auswandern, was einer Verdreifachung der dortigen Bevölkerung gleichkäme und weder wirtschaftlich noch sozial zu bewältigen wäre. Selbst wenn nur ein Viertel der Ärmsten der Welt auf diese Weise ihrer Not entkämen, wäre dies kein Beitrag zur Milderung des Elends der verbliebenen drei Viertel, im Gegenteil, die Auswanderung der Fitteren und Qualifizierteren würde vielmehr zu Dysbalancen in den Heimatregionen führen, und die entstehenden wirtschaftlichen und sozialen Probleme in den Aufnahmeregionen wären nicht mehr zu bewältigen. Es ist zudem anzunehmen, dass eine Migrationsentwicklung dieses Ausmaßes frühzeitig durch die Wahl rechtspopulistischer und nationalistischer Regierungen in der westlichen Welt gestoppt würde.

VI. Kapitel

Ethische Aspekte der Kriegs- und Bürgerkriegsmigration

Jahrzehntelang wurde die Welt vom Konflikt zwischen Palästinensern und Israelis in Atem gehalten, obwohl er nur eine kleine Weltregion betraf. Das unaufhörliche Flüchtlingselend der Palästinenser, die anhaltende Existenzbedrohung des Staates Israel und die Internationalisierung des Konflikts sicherten ihm eine große Aufmerksamkeit. Unterdessen sind weite Teile der MENA-Region[1] zu Konfliktgebieten geworden. Mit dem uralten religiösen Konflikt zwischen Schia und Sunna eskaliert der Machtkampf zwischen dessen beiden regionalen Vormächten Iran und Saudi-Arabien. Dieser macht- und religionspolitische Grundkonflikt wird überlagert von ethnischen, territorialen und ökonomischen Konflikten. Der Westen, und speziell die USA, unterhielten über Jahrzehnte hinweg eine enge Bindung an das Königreich Saudi-Arabien, während der Iran als ein besonders gefährlicher »Schurkenstaat« eingestuft wurde. Dass der vom saudischen Königshaus geförderte

Wahhabismus eine Quelle internationalen islamistisch motivierten Terrors ist, blieb der Weltöffentlichkeit nicht verborgen und sorgt für ein immer angespannteres Verhältnis westlicher Staaten zu Saudi-Arabien. Die Isolations- und Eindämmungspolitik gegenüber dem Iran wird dagegen Schritt für Schritt zurückgenommen, wohl um auf diese Weise eine Politik des *divide et impera* zwischen den beiden regionalen Hegemonialmächten einleiten zu können. Der Westen selbst, allen voran die USA, hat zur Instabilität der MENA-Region wesentlich beigetragen. Der völkerrechtswidrige Krieg gegen den Irak, mit dem Ziel eines Regimewechsels, hat nicht nur dieses Land destabilisiert, sondern die gesamte Region. Die durch den Zerfall des irakischen Nationalstaates möglich gewordene Formierung eines kurdischen Quasi-Staates auf irakischem Territorium hat die Türkei in abenteuerliche und wenig transparente Bündnisstrategien getrieben und damit auch die innerstaatliche Auseinandersetzung mit der kurdischen Minderheit verschärft. Die neue politische Gestaltungsmehrheit der Schiiten im Irak hat die Reste des im Wesentlichen säkular-sunnitisch ausgerichteten Hussein-Regimes in die Arme fundamentalistischer Gruppen getrieben, die dadurch ihre militärische Schlagkraft erhöhen konnten. Europäische Länder, insbesondere Frankreich, haben einen wichtigen Beitrag zum Sturz des Gaddafi-Regimes in Libyen geleistet. Gaddafi hatte prophezeit, dass nach seinem Sturz Al-Qaida die Macht in seinem Lande übernehmen würde. Damit hat er zwar nicht vollständig recht behalten, aber Ableger von Al-Qaida sind mächtige Akteure auf libyschem Territorium und haben dort wie auch auf dem syrischen und irakischen Gebiet staatsähnliche, vom Terror nach innen und nach außen geprägte Strukturen geschaffen, deren verlängerter Arm in Gestalt islamistischer Terrorakte bis in die europäischen Metropolen reicht.

Die naheliegende Idee westlicher Politiker, durch Demokratisierung und Menschenrechte und durch den Sturz despotischer Regime einen zivilen Frieden in der MENA-Region zu befördern, beruhte auf einer falschen politischen Analyse, wie sich nun mehrfach gezeigt hat. Dort, wo die Mehrheitsmeinung der Bevölkerung zum Tragen kam, setzten sich über kurz oder lang islamistische Kräfte durch, deren Politikverständnis mit einer rechtsstaatlich verfassten, die Menschenrechte achtenden Demokratie unverträglich ist. Die mehr oder weniger säkular ausgerichteten Gegenkräfte stützen sich in der Regel auf die wirtschaftliche und militärische Elite, konnten und können aber auf sich gestellt nur schwer Bevölkerungsmehrheiten gewinnen. Mit dem Sturz von Präsident Mubarak 2011 in Ägypten, der mit harter Hand und einem zynisch agierenden Sicherheitsapparat die sogenannte Muslimbruderschaft im Zaum gehalten hatte, kam es nicht zum erwarteten Arabischen Frühling, getragen von den urbanen Milieus und der akademischen Jugend, wie sich das manche westliche Politiker vorstellten, sondern zur Wahl eines Präsidenten, der sich bald als Marionette der Muslimbruderschaft herausstellte. Als das Mubarak-Regime 2014 mit Abdel Fattah al-Sisi an der Führungsspitze erneuert wurde und sich die alten Formen diktatorischer Machtausübung in Gestalt des Personenkultes und der Politik der harten Hand erneut etablierten, äußerten sich die meisten westlichen Kommentatoren erleichtert. Während israelische Politiker und Kenner der Region, wie der deutsche Intellektuelle Peter Scholl-Latour, vor uninformierter politischer Naivität über viele Jahre gewarnt hatten, führte sich die westliche Politik wie der Elefant im Porzellanladen auf: Sie zerstörte Strukturen, ohne zu wissen, welche anderen an deren Stelle treten sollten. Die USA waren nach dem Sturz Saddam Husseins und seines Regimes im Jahr 2003 vollständig ratlos, wie es weitergehen sollte. Die europäischen Staaten, die sich voreilig in den Libyen-Konflikt eingemischt hatten, zuvörderst Frankreich, waren nicht in der Lage den Bürgerkrieg zu beenden und zivile Strukturen zu etablieren.

Da sich die Demokratie niemals gegen die Mehrheit der Bevölkerung und nur als säkulare Politikform realisieren lässt, die sich nicht auf heilige Schriften oder klerikale Autoritäten stützt, entsteht ein politisches Dilemma: Die Förderung der Demokratie und die Unterstützung der Kräfte, die gegen Despotien und Feudalherren wirken (im Falle Afghanistans nach 1979 gegen die Besatzungsmacht Sowjetunion), stärken unter den gegebenen kulturellen Bedingungen die islamistischen Kräfte. Das Bündnis mit militärischen und ökonomischen Eliten, die meist einen Modernisierungskurs verfolgen und säkular gesinnt sind, wie zum Beispiel auch der aktuelle syrische Diktator Assad und sein Vater, führt andererseits in einen Dauerkonflikt mit der

oft mehr oder weniger fundamentalistisch-religiös ge-
stimmten Mehrheit der einfachen Bevölkerung, nicht
nur auf dem Lande, sondern zunehmend auch in den
großen Metropolen.

In der aktuellen Situation der MENA-Region spie-
geln sich auch gescheiterte Modernisierungsstrategien.
Während die Stimmung in den 1950er und 1960er Jahren in den arabischen Großstädten auf die nachholen-
de Entwicklung der westlichen und östlichen Moderne
gerichtet war und die fundamentalistischen religiösen
Einstellungen als rückständig oder als Unterschichten-
phänomen galten, verbindet sich nun die verbreitete
Unzufriedenheit mit der ökonomischen und sozialen
Entwicklung mit einem neuen Fundamentalismus und
Fanatismus islamistischer Prägung. Der aktuelle Erfolg
des kulturellen und des politischen Islamismus ist of-
fenkundiger Ausdruck einer umfassenden Täuschung.
Die sozialistisch orientierten arabischen Regime, wie
die von Muammar al-Gaddafi, Hafiz al-Assad, Saddam
Hussein, früher auch Gamal Abdel Nasser, haben ihren
mächtigen Protektor in Gestalt der Sowjetunion verloren
(gegenwärtig erleben wir ein Residuum in Gestalt des
Bündnisses zwischen Russland und dem Assad-Regime
in Syrien), und der Westen hat sich durch seine erra-
tische Bündnispolitik und die zunächst gewollte, dann
kaschierte Förderung islamistischer Gruppen, auch
zusammen mit Saudi-Arabien, dauerhaft diskreditiert.
Barack Obamas *disengagement* angesichts des entstandenen Chaos wirkt nicht überzeugender als George W.
Bushs unbedachter Interventionismus.

Diese verdichtete Situationsbeschreibung stelle ich bewusst an den Beginn meiner Ausführungen zu den ethischen Aspekten der Kriegs- und Bürgerkriegsmigration, weil vieles dafür spricht, dass Europa auf längere Sicht im Süden und im Osten von Kriegs- und Bürgerkriegsregionen umgeben sein wird. Europa weiß bis dato darauf keine Antwort. Die Entscheidung der Bundeskanzlerin, Tausende Flüchtlinge, die auf der Balkanroute gestrandet waren (zuletzt in Ungarn), in Deutschland aufzunehmen, war eine humanitäre Antwort gegenüber dem Flüchtlingselend, das insbesondere durch den syrischen Bürgerkrieg, aber auch durch den Krieg in Afghanistan und den Konflikt im Irak, unter tätiger Mithilfe des Westens, auch Deutschlands (im Falle Afghanistans), entstanden war. Diese Entscheidung ist in ihrer humanitären Motivation absolut nachvollziehbar, sie war jedoch in ihrer Spontaneität nicht durchdacht: Sie verzichtete auf eine europäische Absicherung einer veränderten Flüchtlingspolitik, sie brach die rechtlichen Regeln, auf die sich die Europäische Union mit Dublin und Schengen verabredet hatte[2], sie stand in einem unvereinbaren Gegensatz zur zuvor praktizierten Haltung arroganter Indifferenz gegenüber der Flüchtlingsproblematik, zum Beispiel im Süden Italiens, als sich Deutschland über Jahre weigerte, auch nur einen größeren Teil der in Italien gestrandeten Flüchtlinge aufzunehmen, und sie war unvereinbar mit der zuvor praktizierten Vernachlässigung der Flüchtlingsproblematik im Umfeld der Kriegs- und Bürgerkriegsgebiete. Diese Vernachlässigung in Gestalt mangelnder Zahlungen an die Betreiber der Flüchtlingslager im Umfeld des Bürgerkriegsgebietes war ein wesentlicher Auslöser für die Flüchtlingsströme in 2015 und 2016. Die deutsche Migrationspolitik entbehrte über Jahrzehnte jeder programmatischen Fundierung.[3] So blieb über viele Monate unklar, wie es weitergehen sollte, und nachdem das Unbehagen der Bevölkerung massiv gestiegen war, was man angesichts von vielen Millionen Flüchtlingen aus der MENA-Region nachvollziehen kann, entschieden sich die Visegrád-Staaten (Slowakei, Polen, Tschechien und Ungarn), die auf der Balkanroute einen Großteil des Flüchtlingsstroms kanalisiert hatten, ihre Grenzen zu schließen. Dies geschah entgegen dem Votum der Kanzlerin, aber auch, allen vorgebrachten Vermutungen zum Trotz, in sehr wirksamer Weise. Erst durch die Schließung der Balkanroute wurde der EU-Türkei-Pakt zur Milderung der Flüchtlingsproblematik möglich, der in der Substanz ein Vertrag zwischen Deutschland und der Türkei und von Anbeginn nicht nur deshalb hochumstritten war.

Die Schließung der Balkanroute hat gezeigt, was deutsche Spitzenpolitiker nicht für möglich gehalten hatten, dass Staaten auch im 21. Jahrhundert in der Lage sind, ihre Grenzen zu kontrollieren. Zugleich ist aber auch deutlich geworden, welche inhumanen Konsequenzen diese politische Entscheidung für Tausende von Menschen hat, die an einer Grenze ausharren müssen. Das Lager von Idomeni wurde von prominenten Besuchern, wie Norbert Blüm und anderen, als humanitäre Katastrophe empfunden.[4] Eine wirksame Grenzkontrolle, die sogar seitens Angela Merkels von den Außenstaaten der EU gefordert wird (»Die EU-Außengrenzen müssen gesichert werden«), ist allein keine ethisch akzeptable Antwort auf die Ströme von Bürgerkriegs- und Kriegsflüchtlingen. Bleibt also in diesem Fall nur die Politik der offenen Grenzen? Angesichts der hohen Instabilität der MENA-Region scheint das für die meisten EU-Staaten, erst recht für die USA oder Australien, inakzeptabel. Auch die deutsche Position, eine europaweite quotierte Verteilung der Bürgerkriegsflüchtlinge hätte die Problematik lösen können, ist angesichts von 20 Millionen Menschen, die allein im Jahr 2015 auf der Flucht vor Kriegs- und Bürgerkriegsfolgen waren, blauäugig.[5] Eine Million, verteilt auf 27 EU-Staaten, wäre in der Tat für die einzelnen aufnehmenden Länder leichter zu bewältigen gewesen, jedenfalls einfacher als eine Million innerhalb von zwölf Monaten in einem Land, nämlich Deutschland. Bei einer Verzwanzigfachung der Zahlen aber wären, auch bei fairer Verteilung auf die EU-Mitgliedsstaaten, die politischen, ökonomischen und sozialen Kapazitätsgrenzen rasch erreicht worden. Zudem ist anzunehmen, dass eine Politik der offenen Grenzen gegenüber Bürgerkriegsflüchtlingen einen massiven Mitnahmeeffekt auslösen würde, das heißt auch diejenigen anziehen würde, die nicht unmittelbar vor Krieg und Bürgerkrieg fliehen mussten. Fachleute schätzen die Zahl derjenigen, die als Kriegs- und Bürgerkriegsflüchtlinge, speziell aus Syrien, aber auch aus dem Irak und aus Afghanistan, Aufnahme gefunden haben, ohne tatsächlich vor Kriegsfolgen geflüchtet zu sein, als hoch ein.[6] Diese Mitnahmeeffekte hätten sich bei einem fort-gesetzten Flüchtlingsstrom von ein bis zwei Millionen Flüchtlingen pro Jahr in die EU-Staaten mit Sicherheit weiter verstärkt. Die darauf zu erwartende Entvölke-rung der Ursprungsgebiete hätte die Region mit allen problematischen Konsequenzen für den Wiederaufbau und die ökonomische Gesundung konfrontiert.

Es entspricht dem Geist der Genfer Flüchtlingskon-vention[7], dass Bürgerkriegs- und Kriegsflüchtlinge mög-lichst ortsnah, also zumeist in den angrenzenden Nach-barstaaten, vorübergehend Aufnahme finden, wobei die Kosten dieser Aufnahme von der Weltgemeinschaft zu tragen sind. Dies wird in vielen Fällen die Einrich-tung umfangreicher Lagersysteme erforderlich machen, denn die Gewährung eines vorübergehenden Schutzes darf nicht mit Integrationszielen vermengt werden. Die schnellstmögliche Integration der Immigranten auf dem Arbeitsmarkt und in der aufnehmenden Gesellschaft insgesamt ist für diejenigen sinnvoll, die eine langfristi-ge Bleibeperspektive haben. In Fällen des Bürgerkrieges besteht zumindest die Hoffnung, dieser könne in ab-sehbarer Zeit beendet werden. Die Geflohenen würden in ihr Heimatland zurückkehren, wo sie dringend ge-braucht werden, um den Wiederaufbau zu bewältigen. Die jüngste Erfahrung, dass Frauen, Kinder und Alte zu-rückbleiben, die jungen Männer aber als Bürgerkriegs-flüchtlinge aufgenommen werden, kann niemanden zufriedenstellen. Eine Integrationsperspektive bedeu-tet, dass diese jungen, belastbaren und leistungsfähigen Männer auch nach Beendigung des Bürgerkrieges nicht in ihre Heimatregionen zurückkehren, vielmehr versuchen würden, ihre Familien nach Deutschland nachzuholen.

Tatsächlich ist die Integration der Einwandernden weit vielversprechender, wenn es sich nicht um einseitige Segmente der Gesamtbevölkerung handelt (Männer zwischen 17 und 35 zum Beispiel), sondern auch um Familienstrukturen. Das hat zwar für die Sozialstaatsbilanz in der Regel negative Folgen, weil damit die Erwerbstätigenquote in den Migrantengruppen sinkt und der Anteil der von Sozialhilfe Abhängigen ansteigt. Auch wenn dies den günstigen Effekt für die demografische Entwicklung schmälert, scheint es mir aber ethisch gesehen dringend geboten. Die sozioökonomische Besserstellung der Einwandernden darf nicht nur diesen, sondern sollte auch ihren Familien zugutekommen.[8] Zudem ist die mehr oder weniger isolierte Existenz junger Männer, oftmals aus autoritären Familienstrukturen, problematisch. Sie führt zu Konflikten innerhalb der Flüchtlingsgruppen und auch mit der aufnehmenden Gesellschaft. Die Einbettung der ohnehin oft Traumatisierten in intakte Familienstrukturen erleichtert die Bewältigung einer derart fundamental veränderten Lebenssituation.

Wir müssen also sorgfältig unterscheiden: zwischen Immigration und Gastrecht.[9] Legitime und in vielen Fällen wünschenswerte Immigration sollte so früh wie möglich mit der Integrationsperspektive verknüpft werden. Das erfordert nicht nur entsprechende Bedingungen auf dem Arbeitsmarkt und in den Unternehmen, sondern auch erhebliche Anstrengungen des Staates und betrifft sämtliche Unterstützungsmaßnahmen wie Sprachkurse, Wohnungsbeschaffung oder Begegnungsstätten. Dagegen ergibt es Sinn, wenn Kriegs- und Bürgerkriegsflüchtlinge ein Gastrecht in den Staaten genießen, die im Umfeld des Kriegsgebietes liegen. Für die Kosten müsste die internationale Gemeinschaft in toto aufkommen. Entscheidend sind eine menschenwürdige Unterbringung für die Zeit, in der die Fluchtursachen fortbestehen, und eine rasche Rückführung in die Ursprungsregionen, sobald die Fluchtursachen entfallen sind.

Sosehr sich diese notwendige Unterscheidung aufdrängt, so problematisch wird sie bei allen länger anhaltenden kriegerischen Konflikten. Alles hinge davon ab, ob sich die internationale Gemeinschaft auf eine Regelung eines Gastrechts und der sich daraus ergebenden weiteren Fragen einigen könnte. Auf die Frage nach einer zeitlichen Begrenzung des Gastrechts etwa, das heißt, ab wann das Gastrecht erlöschen und die internationale Gemeinschaft (oder innerhalb Europas die EU) die vormaligen Bürgerkriegs- und Kriegsflüchtlinge als Immigranten mit Integrationsperspektive aufnehmen müsste. Die Verteilung auf die Länder folgt dann nicht den Wünschen der Flüchtlinge, sondern hängt in erster Linie von den Möglichkeiten der aufnehmenden Staaten, ihren Zugeständnissen und internationalen Verpflichtungen ab und zieht weitere komplexe Fragen nach sich.[10]

VII. Kapitel

Ethische Aspekte der Wirtschafts- migration

Der Diskurs über Migrationsphänomene folgt über weite Strecken dem Narrativ des Marktes.[1] Wenn es möglich ist, sein Leben dadurch zu verbessern, dass man das eigene Land verlässt, dann werden die Menschen das tun. Viele fügen hinzu: Nichts wird sie letztlich davon abhalten können. Wir können uns dagegen mit Zäunen und Mauern zur Wehr setzen, aber die Kosten – nicht nur ökonomische, sondern auch kulturelle – werden gewaltig sein. Fast eine halbe Million Menschen werden von den USA jährlich als Illegale wieder ins Ausland, ganz überwiegend nach Mexiko, verbracht.[2] Die Vorkehrungen gegen illegale Migration, etwa um die nordafrikanische Enklave Spaniens, sind schockierend. Nach diesem Muster nationale oder auch nur europäische Außengrenzen zu sichern, gleicht einer Horrorvorstellung. Tausende von Kilometern Mauerwerk, Grenzschutzanlagen wie einst in der DDR, womöglich mit bewaffneten Kräften, sind in der Tat inakzeptabel.

Zum Marktparadigma des Migrationsdiskurses gehört, dass sich Menschen, »wenn sie sich einmal in Bewegung gesetzt haben«, durch nichts, auch nicht durch Zäune und Polizei, abhalten lassen, die Grenzen zu anderen Ländern, in denen sie sich ein besseres Leben erhoffen, zu überschreiten. Das Argument ist aus der neoklassischen oder marktradikalen Debatte vertraut: Wenn es möglich ist, einen (Güter-)Transfer vorzunehmen, der allen Beteiligten nützt, dann wird dieser auch realisiert. Staatliche Eingriffe sind kostspielig und letztlich wirkungslos. Der Markt ist das umfassende und grundlegende Interaktionsmodell und setzt sich letztlich gegen alle anderen Formatierungen menschlicher Interaktionen durch. Der Globalisierungsdiskurs, der sich zunächst auf ökonomische Güter und speziell die Finanzmärkte beschränkte, schließt nun zunehmend den globalen Arbeitsmarkt und die damit zusammenhängenden Migrationsströme ein.

Ökonomen argumentieren gegen die Einführung eines Mindestlohns damit, dass dieselben Dienstleistungen in anderen Regionen der Welt für einen Bruchteil der Arbeitskosten bereitgestellt würden, sodass die gesetzliche Untergrenze des Stundenlohns entweder zur Verlagerung der betreffenden unternehmerischen Aktivitäten in diese Regionen führen würde oder zur Verlagerung der Arbeitskräfte aus diesen Regionen in die reichen, die dort dann als illegale, billige Arbeitskräfte zur Verfügung stünden. Neben diesem empirischen Globalisierungsdiskurs der Migration gibt es einen normativen, der dasselbe Grundmuster aufweist. Demnach *sollte* man den globalen Markt, der für alle Arten des Gütertransfers allerseits massive Wohlstandsgewinne mit sich führt, auf den Arbeitsmarkt ausdehnen, da auf diese Weise Transfers von Arbeitskräften möglich werden, die allen Beteiligten nutzen: den ärmeren Regionen, weil sie ihre Überbevölkerung mildern, den reicheren Regionen, weil günstige Arbeitskräfte zur Verfügung stehen, den Migranten, weil sie ihre Lebenssituation verbessern. Dieses Marktparadigma des Migrationsdiskurses ist so stark, dass die massiven Probleme, die mit einer deutlichen Zunahme der Migrationsbewegung weltweit verbunden wären, als bloße Übergangsphänomene bagatellisiert werden.

Die dominante ökonomische Theorie argumentiert dabei im Vergleich zur politischen Szene vergleichsweise kohärent: Für die allermeisten ökonomischen Theoretiker ist der Markt das Grundparadigma, die ideale Form menschlicher Interaktion, und dies gilt für beliebige Bereiche, also auch für den globalen Arbeitsmarkt. Von daher sind staatliche Grenzen als Hindernis ökonomischer Effizienz zu betrachten. Die politischen Positionierungen sind dagegen widersprüchlicher: Die politische Linke, die sich sonst gegen das weitere Vordringen marktlicher Organisation positioniert, die in manchen ihrer Prägungen sogar einem nationalstaatlichen Modell der sozialen Gerechtigkeit anhängt und sich schon deswegen gegen die Liberalisierungstendenzen sowohl der Europäischen Union als auch der internationalen Organisationen wie der WTO auflehnt, missbilligt die Begrenzung von Migrationsbewegungen. Sie befürwortet in dieser Hinsicht also das ungehinderte Wirken eines globalen Marktes der Arbeitsmigration.

Es stellen sich zwei Fragen. Die erste, grundsätzlichere, lautet: Wäre eine Welt mit einem einheitlichen, globalen Arbeitsmarkt, ohne Begrenzungen von Wanderungsbewegungen, wünschenswert? Die zweite, pragmatisch vorrangige, lautet: Ist eine Zunahme der Migration, ist eine Lockerung der Einschränkungen für Grenzüberschreitungen durch Arbeitsmigranten unter den heutigen Bedingungen wünschenswert? Auch wer die erste Frage bejaht, könnte hinsichtlich der zweiten Frage skeptisch bleiben. Aber auch umgekehrt wäre es denkbar, die zweite Frage zu bejahen, die erste Frage aber zu verneinen. Es könnte durchaus sein, dass ein weiterer Anstieg der Migrationsbewegungen gegenüber der heutigen Situation sogar erstrebenswert wäre, obwohl eine grenzenlose Weltgesellschaft, ohne Beschränkungen der Arbeitsmigration, nicht wünschenswert ist. Die zeitgenössische ökonomische Theorie, die ohnehin eine gewisse Neigung aufweist, komplexe konkrete Fragestellungen unter Rekurs auf abstrakte Modelle zu beantworten, tendiert dazu, die zweite Frage als Korrolar der ersten zu behandeln.

Da es in der ökonomischen Theorie nicht in Frage gestellt wird, dass Grenzen die Effizienz von Märkten einschränken, befürwortet sie auch jede Form des Abbaus von Einschränkungen für Arbeitsmigration. Wer die modelltheoretischen Annahmen der ökonomischen Analyse allerdings mit guten Gründen zurückweist, kann auf die zweite Frage eine pragmatische, die jeweiligen konkreten Bedingungen einbeziehende, also situationsbezogene, Antwort versuchen. Wer aus modelltheoretischen ökonomischen Gründen die erste Frage allerdings bejaht, wird dazu neigen, die zweite Frage im Modus von »ein weiterer Abbau von Einschränkungen der Migration ist grundsätzlich immer wünschenswert, doch unter den jetzt aktuellen Bedingungen könnte allerdings eine allzu plötzliche Öffnung der Grenzen gravierende Probleme nach sich ziehen« zu beantworten. Man wird dann – aus pragmatischen Gründen – möglicherweise Verlangsamungen der Zunahme von Migrationsbewegungen erwägen, aber keine prinzipiellen Einwände gegen einen langfristigen Anstieg der weltweiten Migration vorbringen können. Diese logische Beziehung zwischen der ersten und der zweiten Frage im Auge behaltend, beginnen wir mit der Erörterung der ersten, grundsätzlichen: Ist eine Welt unbeschränkter (Arbeits-)Migration wünschenswert?[3]

Die Argumente, die gegen das marktfundamentalistische Paradigma generell sprechen, widersprechen auch der marktliberalen Position hinsichtlich globaler Migrationsbewegungen. Daher ist zunächst ein Blick auf das Verhältnis zwischen Markt einerseits und Regeln andererseits zu werfen. Auch den radikalsten Vertretern des Marktprinzips ist bewusst, dass für das Marktgeschehen bestimmte Regeln unverzichtbar sind. Dazu gehören Rechtsnormen, die es erst ermöglichen, Verträge zu schließen. Libertäre Markttheoretiker sind zudem der Auffassung, dass bestimmte individuelle Rechte und Freiheiten allen Marktteilnehmern gleichermaßen garantiert sein müssen. Verträge sind auch dann einzuhalten, wenn ihre Nichteinhaltung einem der Vertragspartner oder sogar beiden nützt. Manche Verträge können im gegenseitigen Einvernehmen aufgelöst werden, andere nicht. Jedenfalls legitimiert Eigeninteresse nicht den Bruch eines Vertrages. Damit ist die Vertragstreue eine deontologische Norm, sie ist mehr als eine bloße Handlungsregel zur Sicherung optimaler, das heißt das Eigeninteresse optimierender, Ergebnisse.

Auch die konstitutiven Bedingungen der Kommunikation gehören zu den für funktionierende Märkte unverzichtbaren deontologischen Regeln. Ohne verlässliche Kommunikation gibt es keinen ökonomischen Erfolg auf Märkten. Zu den konstitutiven Bedingungen von Kommunikation gehören drei Fundamentalprinzipien: Wahrhaftigkeit, Vertrauen und Verlässlichkeit.[4] Hier handelt es sich um anspruchsvolle deontologische Normen, deren Einhaltung allein über sanktionierte Rechtsnormen nicht gesichert werden kann. Zahlreiche empirische Studien der vergangenen Jahre deuten darauf hin, dass das, was Robert Putnam einmal als *social capital* begrifflich eingeführt hat[5], für den ökonomischen Erfolg eine zentrale Rolle spielt. Dieses *social capital* beruht auf der Kooperationsbereitschaft der Wirtschaftssubjekte, und dieses wiederum setzt wechselseitiges Vertrauen voraus. Erst eine Kultur gegenseitigen Vertrauens ermöglicht stabile Kooperationsstrukturen, und diese scheinen, nach allen vorliegenden empirischen Daten, ausschlaggebend dafür zu sein, ob eine Volkswirtschaft prosperiert oder nicht. Man kann dies auch in ökonomischen Begriffen formulieren: Überall dort, wo es an Vertrauen mangelt, wird der Aufwand für Kontrolle und Sanktionierungen kostspielig. Je weniger Vertrauen, desto kostspieliger ist Kontrolle und Sanktionierung, und dies behindert die wirtschaftliche Dynamik.

Anders als häufig angenommen, setzt Kooperation nicht ein geteiltes Ethos voraus, keine gemeinschaftlichen Werte, die die Einzelnen realisieren müssen, aber dennoch gilt: Kooperationsstrukturen bleiben nur stabil, wenn die einzelnen Akteure wechselseitige Kooperationsbereitschaft voraussetzen können. Wenn der einzelne Akteur nicht erwarten kann, dass die Interaktionspartner ebenfalls kooperationsbereit sind, das heißt kooperieren, wenn sie erwarten, dass man selbst kooperiert, kollabieren so gut wie alle Kooperationsstrukturen.[6]

Zwischen der Befolgung von Regeln, die auch für das Marktgeschehen unverzichtbar sind, und dem zentralen Defizit ökonomischer Märkte besteht ein enger logischer Zusammenhang: Das zentrale Defizit ökonomischer Märkte liegt darin, dass sie nicht imstande sind, kollektive Güter bereitzustellen. Kollektive Güter sind solche, die sich nicht individuell kaufen und nutzen lassen. Die Effizienz von Märkten hängt davon ab, dass der Transfer der Güter jeweils nur die am Transfer Beteiligten betrifft und Dritte nicht tangiert. Ist dieses Prinzip verletzt, gibt es also das, was Ökonomen externe Effekte nennen, wird das Marktgeschehen, selbst unter ansonsten idealen Bedingungen, ineffizient. Im Falle kollektiver Güter ist dieses Prinzip nicht nur punktuell, sondern prinzipiell verletzt: Kollektive Güter sind solche, die allen zugutekommen und die niemand individuell nutzen kann, ohne auch andere dieses Gut nutzen zu lassen. Zwischen den beiden Extremen, rein individuellen Gütern, die die Individuen je individuell kaufen und konsumieren können, und Kollektivgütern, die allen zugutekommen, gibt es ein Kontinuum von Abstufungen. Man kann das, was als Gemeingüter seit der Vergabe des Nobelpreises an Elinor Ostrom[7] intensiver diskutiert wird, als Kollektivgüter für spezielle Gemeinschaften charakterisieren.

Der logische Zusammenhang zwischen kollektiven Gütern (Gemeingütern, externen Effekten) und Regelbefolgung (Befolgung derjenigen Regeln, die für den ökonomischen Erfolg erforderlich sind) ergibt sich daraus, dass sowohl kollektive Güter als auch Regelbefolgung eine Interaktionsstruktur etablieren, die man als Gefangenendilemma bezeichnet: Eine solche Situation ist dadurch charakterisiert, dass die je individuelle Vorteilsmaximierung ein Ergebnis zeitigt, das alle schlechter stellt, als es möglich gewesen wäre, wenn alle auf diese je individuelle Vorteilsmaximierung verzichtet hätten und eine – eben kooperative – Strategie gewählt hätten. Kooperation verlangt also nach der Bereitschaft, diejenige Entscheidung zu treffen (diejenige individuelle Strategie zu wählen), die sich in eine Verhaltensstruktur einbettet, die von allen Beteiligten gegenüber derjenigen bevorzugt wird, die sich einstellen würde, wenn

alle lediglich ihren individuellen Vorteil maximierten.
Da eine Überführung der Regelbefolgung in Individual-
güter unmöglich ist[8], müssen ökonomische Märkte eingebettet bleiben, das heißt, die individuelle Praxis auf
ökonomischen Märkten muss ethisch und kulturell so
verfasst sein, dass sie die notwendige Regelbefolgung
sicherstellt. Ökonomische Märkte werden hypertroph,
wenn sie die Bedingungen ihres Erfolgs übergriffig zerstören. Den reinen ökonomischen Markt kann es nicht
geben. Der ökonomische Markt ist unverzichtbar, aber
nur effizient, wenn er ethisch und kulturell eingebettet
bleibt.[9] Der ideale Markt ist der beschränkte Markt. Ein
Markt ohne Regeln, ohne Grenzen, ohne wertorientierte
Praxis, wird zwangsläufig dysfunktional: Er ist nicht imstande, eine effiziente Güterverteilung zu organisieren.
Anders – kürzer – gewendet: Der Markt setzt Kooperation voraus, ohne Kooperation kein (effizienter) Markt.

Die Geschichte des Wirtschaftswachstums zeigt, dass
nationale Volkswirtschaften erst durch den kulturellen
und sozialstaatlichen Aufbau von Kooperationsstrukturen nachhaltiges Wachstum generieren können. Der
entfesselte reine Markt ist dazu nicht imstande, er führt
zu einer extremen Konzentration von Produktivvermö-
gen, zu extremer Ungleichheit der Einkommen, sozialer
und politischer Instabilität und hat dann auch eine sub-
optimal niedrige Binnennachfrage zur Folge, was z.B.
in lateinamerikanischen Ländern seit Jahrzehnten zu
beobachten ist. Der reine Markt zerstört kulturell ge-
wachsene Vertrauensstrukturen und damit die kooperativen Bedingungen seines Erfolges. Dies erklärt, dass

erst die Verbindung von ökonomischer Effizienz mit Sozialstaatlichkeit im Laufe des 20. Jahrhunderts eine Stabilisierung der ökonomischen Verhältnisse und eine lang anhaltende Wachstumsperiode ermöglicht hat.

Arbeitsmärkte sind ein besonders sensibler Bereich der Verbindung von Markteffizienz und Kooperationsbereitschaft. Unternehmen, deren Belegschaft von wechselseitigem Misstrauen geprägt ist, entwickeln sich in der Regel nicht gut. Branchen, in denen Kunden den Zusicherungen der Anbieter nicht trauen, sind mit Nebenkosten belastet, die die Entwicklung der Branche behindern. In den ökonomisch entwickelten Ländern gibt es unterschiedliche Modelle der arbeitsrechtlichen und sozialstaatlichen Institutionalisierung der Kooperationsbeziehungen, aber es besteht ein Dissens darüber, dass es einer solchen Institutionalisierung bedarf. In allen Ländern der OECD gibt es arbeitsrechtliche Bestimmungen, die die Vertragsgestaltung betreffen, viele Länder sehen Mindestlöhne vor, andere Kündigungsfristen, gesetzliche Mitbestimmung etc. Von Arbeitgeberseite werden diese institutionellen Strukturen der Kooperation auf den Arbeitsmärkten oft als Belastung empfunden und als Effizienzhindernis interpretiert. Über das richtige Maß der institutionellen Regulierung kann man streiten: Die Reformen der Agenda Gerhard Schröders haben den deutschen Arbeitsmarkt teilweise dereguliert, aber in Verbindung mit sozialstaatlichen Fördermaßnahmen (Fordern und Fördern) einen bis heute anhaltenden drastischen Rückgang der Arbeitslosigkeit bewirkt und die Voraussetzungen für die Erholung der deutschen Volks-

wirtschaft von den schlecht gemanagten Vereinigungs-
folgen ermöglicht. Auch Dänemark ist ein interessantes
Modell, das einen schwach regulierten Arbeitsmarkt
mit einem hohen Niveau garantierter Sozialleistungen
verbindet, eine gelungene Form der Verbindung ökonomischer und sozialstaatlicher Effizienz.

Wir müssen noch einen Blick auf das Verhältnis zwischen institutioneller und ethisch-kultureller Rahmung
des Arbeitsmarktes werfen: Institutionelle, also in demokratischen Staaten durch Gesetze genormte Kooperationsbeziehungen lassen sich politisch nur vertreten,
wenn sie von einer breiten Zustimmung der Bevölkerung getragen sind. Dies erklärt, dass Veränderungen
der sozialstaatlichen Strukturen in der Regel nur behut-
sam erfolgen und auch bei einem Richtungswechsel der
Regierung nach einer Wahl keine grundstürzenden Veränderungen erfahren. Teilweise hängt dies mit gewachsenen Rechtsansprüchen zusammen, die zum Beispiel
Eingriffe in das Rentensystem nicht zulassen. Grund-
legend aber ist, dass die sozialstaatlichen Institutionen
ein umfassendes Beziehungsgefüge etablieren, an dem
der größte Teil der Bevölkerung teilhat und der das Verhältnis der Generationen wie auch der Beschäftigten
zu den Nichtbeschäftigten, der Viel- zu den Geringver-
dienern, der Gesunden zu den Kranken etc. bestimmt.
Die unterschiedliche ethisch-kulturelle Verfasstheit der
Staatsbürgerschaften schlägt sich in unterschiedlichen
Sozialstaatskonzeptionen nieder[10]: Die starke Orientierung der Bürgerschaft in den skandinavischen Staaten
an Inklusion und Gerechtigkeit trägt ein System, das

über stark progressive Steuern umfangreiche sozial-staatliche Leistungen gestaffelt nach Bedürftigkeit gewährt, aber nicht auf die Hilfsbedürftigen beschränkt ist. In Ländern, in denen das je individuelle Versicherungsprinzip mit dem Solidaritätsgedanken verknüpft wird, wie etwa in Frankreich und in Deutschland, stehen die Kooperationsbereitschaft und vorausgegangene eigene Beiträge im Mittelpunkt. In den weniger entwickelten Sozialstaaten Südeuropas dagegen ist es vor allem die Alterssicherung, die von einem allgemeinen ethisch-kulturellen Konsens getragen ist und daher im Mittelpunkt steht, während die angelsächsischen Staaten eher in der Tradition des Armenrechtes stehen und steuerliche Leistungen für die Unterstützung der Ärmsten einsetzen, aber keine allgemein verpflichtende Sozialversicherungssystematik aufweisen. Ohne eine politische Legitimation, die auf ethisch-kulturellen Werthaltungen beruht, lassen sich soziale Sicherungssysteme nicht institutionalisieren.

Ein entfesselter globaler Arbeitsmarkt würde die doppelten und miteinander verknüpften Solidarstrukturen des Sozialstaats und der ethisch-kulturellen Alltagspraxis zerstören. Die Migrationsbewegungen würden eine fatale Standortkonkurrenz auslösen, welche die hoch entwickelten Sozialmodelle zum Abbau ihrer Leistungen zwänge (wie es ansatzweise in Reaktionen auf die Flüchtlingsbewegung schon erfolgt ist). Die historisch gewachsenen Solidaritätsstrukturen würden im Migrationsgeschiebe eines ent-grenzten globalen Arbeitsmarktes keinen Bestand haben können, jedenfalls dann, wenn die Gesetzgebung und die Jurisdiktion alle Apartheidsbestrebungen abwehrt.[11] Damit wäre eine zentrale Voraussetzung aller demokratischen Legitimation, nämlich die Einhegung ökonomischer Märkte durch staatlich gestützte und zumindest teilweise kontrollierte Kooperations- und Solidaritätsstrukturen, obsolet. Das Modell einer Demokratie, das ökonomische Effizienz, individuelle arbeits- und sozialstaatliche Rechte mit Solidarität und Kooperation verbindet, wäre gescheitert. Es steht für mich zu vermuten, dass damit das Modell der modernen Demokratie als Ganzes gescheitert wäre, so wie das erste Modell der Demokratie scheiterte, als die *Polis*, der Stadtstaat der griechischen Klassik, im Reich Alexanders des Großen aufging.

Auffällig ist, dass in den unteren Einkommensgruppen am meisten Widerstand gegen Einwanderung laut wird.[12] Untersuchungen für Großbritannien zufolge veränderte sich die Lohnskala in der Phase starker Einwanderung deutlich, indem die durchschnittlichen Löhne am unteren Ende der Skala erheblich zurückgingen, während sie im mittleren und höheren Bereich leicht anstiegen.[13] In Ländern mit einem weitgehend ungeregelten Arbeitsmarkt und einem hohen Anteil illegaler Beschäftigungsverhältnisse, wie etwa in den USA, kommt der Mittelschicht das Angebot billiger Arbeitskräfte im haushaltsnahen Dienstleistungsbereich zugute, während die gering qualifizierten Arbeiter die Konkurrenz durch Einwanderer zu spüren bekommen.[14] Natürlich hängen diese Effekte vom Ausmaß und der Art der Migration ab.

Es war besonders der Druck vonseiten der Unternehmen und der Industrieverbände, der Deutschland in der zweiten Hälfte der 1950er Jahre zur Anwerbung von sogenannten Gastarbeitern veranlasste.[15] Die stark gefallenen Arbeitslosenraten, die in den Städten eine faktische Vollbeschäftigung erwarten ließen, schürten die Sorge der Unternehmen, sich bald nicht mehr dem gewerkschaftlichen Druck auf Lohnerhöhungen entziehen zu können. Die Anwerbung von Gastarbeitern erfolgte daher auch nach den Kriterien ihrer Qualifikation für den Arbeitsmarkt, allerdings konzentriert auf den unteren Bereich der Lohnskala. Hoch qualifizierte Facharbeiter waren aus Südeuropa und aus der Türkei in den 1950er und 1960er Jahren kaum anzuwerben. Entsprechend entwickelten sich die Facharbeitergehälter in Deutschland trotz Einwanderung ziemlich gut, es entstand aber auch ein Markt des Niedriglohns, auf dem Einheimische und Eingewanderte konkurrierten. Auch das erklärt die Widerstände gegen Immigration in den unteren Lohngruppen.

Nun gibt es Wirtschaftseinwanderung ganz unterschiedlichen Typs. Die ostasiatischen Einwanderer in die USA sind im US-Bildungssystem besonders erfolgreich.[16] Wie auch immer sich dies erklären lässt, teilweise sicher durch autoritärere Erziehungsmethoden *(tiger moms)*, ostasiatische Immigranten sind auf dem Arbeitsmarkt bestens integriert und besetzen oft sehr hoch dotierte Stellen. In der Tat ist die Vermögens- und Einkommensverteilung unter den Einwanderern in die USA und nach Großbritannien ungewöhnlich verteilt, sie entspricht nicht der Gauß-Kurve, sondern ballt sich in den oberen und in den unteren Regionen. Die Immobilienkäufe in London werden zu großen Teilen von wohlhabenden Immigranten getätigt.[17]

Die Einwanderung von über einer Million Menschen[18] hat die demografische Struktur in Deutschland deutlich verändert.[19] Wenn man davon ausgeht, dass diese Einwanderer ganz überwiegend in Deutschland bleiben, und man den Familiennachzug einrechnet, ist, rein mathematisch betrachtet, die demografische Schrumpfung auf zehn Jahre ausgesetzt. In der Tat ist das Argument, dass Deutschland eine massive Einwanderung braucht, um die Demografie stabil zu halten, nicht von der Hand zu weisen. Es bedarf einer Einwanderung von mehreren Hunderttausend Menschen pro Jahr, um die Zahl der in Deutschland lebenden Menschen nicht deutlich absinken zu lassen, mit allen ökonomischen und sozialen Folgen, die das nach sich ziehen würde. Allerdings ist ökonomisch betrachtet nicht die schiere Zahl relevant, sondern das Verhältnis von Arbeitenden und noch nicht oder nicht mehr Arbeitenden in der Bevölkerung. Es geht also um die Zahl derjenigen, die in ihren (Transfer-)Einkommen von den Steuer- und Abgabenzahlungen der Berufstätigen abhängig sind. Die bloße Alterung oder Schrumpfung ist, sozioökonomisch gesehen, irrelevant. In Europa erhöht sich die Lebenserwartung seit Jahrzehnten dramatisch.[20] Allerdings hätte dies keine Auswirkungen auf die Finanzierung der Renten, wenn sich das Rentenalter entsprechend erhöht hätte, sodass die durchschnittliche Zeit im Ruhestand im Prozentsatz

zur Berufstätigkeit konstant bliebe. Das Renteneintritts-
alter wurde in allen europäischen Staaten vor vielen
Jahrzehnten festgelegt und dem Anstieg der Lebenserwartung nicht oder nur marginal angepasst. Dadurch
entsteht die sozialpolitisch problematische Wirkung
der Alterung und der demografischen Schrumpfung.
Irritierend ist nun, dass die Arbeitslosenquote der aus-
ländischen Bevölkerung in Deutschland 14,9 % im Gegensatz zu 6,1 % der deutschen Staatsbürger für Juli
2016 betrug; die höchste Arbeitslosenquote verzeichnen
nicht europäische Asylherkunftsländer mit 52 %.[21] Generell haben Einwanderergruppen in Europa, anders als
in Nordamerika, eine deutlich niedrigere Erwerbsquote als die einheimische Bevölkerung.[22] Dies liegt zum
großen Teil an einer deutlich niedrigeren Erwerbsquote
der Frauen, einer größeren Kinderzahl, aber auch an höherer Arbeitslosigkeit. Manche Wissenschaftler vermuten, dass dieser deutliche Unterschied vor allem auf die
staatlichen Unterstützungsleistungen in europäischen
Ländern wie Deutschland, Schweden, Frankreich oder
Großbritannien zurückzuführen ist.[23] Unterschiede in
der beruflichen Qualifikation scheinen dafür jedenfalls keine Erklärung zu sein. Die Immigration Nordamerikas ist allerdings stark von mittel- und südamerikanischen Herkunftsländern geprägt, während ein
wachsender Teil der europäischen Immigration in der
MENA-Region und dem subsaharischen Afrika seine
Ursprungsregionen hat, die kulturellen Differenzen
also in Europa deutlich größer sind. Ein wesentlicher
Grund für die hohe Arbeitslosigkeit der Einwanderer

in Europa ist aber sicher auch die fehlende Steuerung durch Einwanderungsgesetze in den aufnehmenden Ländern. Auch der Nachzug von Verwandten, die selbst keine Beschäftigung mehr anstreben oder dazu nicht mehr in der Lage sind, wirkt der günstigen Wirkung der Migration aufgrund des niedrigen Durchschnittsalters im Sinne einer Stabilisierung der sozialen Sicherungssysteme entgegen.[24]

Die Politik der offenen Tür, die von Wirtschaftsverbänden und Unternehmensführungen in der Regel befürwortet wird, hat neben dem lohndämpfenden Effekt, jedenfalls in den unteren Lohngruppen[25], vor allem den Hintergrund, dass die Ausbildung von einheimischen Jugendlichen teurer ist als die Übernahme von schon ausgebildeten Fachkräften aus dem Ausland. Diese Rechnung geht aber nur auf, wenn das entsprechende Qualifikationsniveau gegeben ist.[26] Im Fall der jüngsten Einwanderung aus Syrien haben sich jedenfalls die Erwartungen, dass hier ein hoher Prozentsatz von Qualifizierten und Hochqualifizierten einwandern würde[27], als unberechtigt herausgestellt, anders als bei der vorausgegangenen Einwanderungswelle aus Südeuropa im Gefolge der Weltwirtschaftskrise 2009 ff., was vermutlich vor allem damit zusammenhängt, dass die Einwanderung aus Syrien überwiegend aus den nicht vom Regime kontrollierten Gebieten erfolgte, also nicht aus Damaskus und Umgebung mit seinem hohen Qualifikationsniveau.

Völlig unzweifelhaft ist, dass viele der ärmsten Länder der Welt aus der Migration massive sozioökonomische Nachteile haben. Docquier und Rapoport haben dies anhand von über zwanzig der ärmsten Länder der Welt analysiert.[28] Auch Afghanistan gehört zu den Ländern, die durch die Migration massive ökonomische Nachteile erlitten haben.[29] Die Aufnahme der Migranten der Welt in reichen Ländern ist meist die Aufnahme der Stärksten aus den ärmeren und ärmsten Ländern der Welt, und man kann wohl zusammenfassend feststellen, dass die wirklich Leidtragenden die Zurückgebliebenen in den ärmsten Weltregionen sind.[30] Hier wird zwar immer wieder der Einwand laut, die Rückzahlungen, die direkt an die bedürftigen Familien gehen, sowie die Rückkehr der Migranten oder die durch die Migration entstandenen Netzwerke würden sich positiv auf das Heimatland auswirken, dies ist jedoch unter genauerer Betrachtung für Sub-Sahara-Afrika nicht der Fall.[31] Für die ärmsten und oft auch kleinen Länder, die gar von Krieg oder Bürgerkrieg heimgesucht sind, hat die Migration von besser Qualifizierten schwerwiegende Folgen.[32] Ähnliche Effekte gibt es auch bei der Binnenwanderung, etwa aus überwiegend schwarzen Vierteln amerikanischer Großstädte. Dort wandern auch die am besten Qualifizierten, zur Mittelschicht Aufgestiegenen aus und lassen die Hoffnungslosen, die Bildungs- und Sozialverlierer zurück.[33] Die Viertel verelenden, und die Chancen, dieser Situation noch entfliehen zu können, schrumpfen.[34] Aber selbst wenn man zu einem günstigeren Befund für die in den Herkunftsregionen Zurückgebliebenen kommt[35], kann daraus kein Argument für *open borders*, für die Illegitimität staatlicher

Grenzen, gezogen werden, denn die empirischen Daten beziehen sich ja auf eine Welt mit ganz überwiegend geschlossenen Grenzen, also eine Welt mit stark restringierter Migration. Wenn selbst unter diesen Bedingungen Nachteile für die Herkunftsregionen auftreten, ist anzunehmen, dass sich diese bei offenen Staatsgrenzen vervielfältigen würden. Ich schließe keineswegs aus, dass eine begrenzte Auswanderung unter Umständen nicht nur für die Migrierenden, sondern auch für die Zurückgebliebenen vorteilhaft sein kann[36], globale Freizügigkeit jedoch ginge nicht nur zu Lasten der reichen Länder mit einem positiven Migrationssaldo, die ihre Sozialstandards und ihre Zivilkultur nicht aufrechterhalten könnten, sondern auch zu Lasten der armen Länder mit einem negativen Migrationssaldo, die ab einer hinreichenden Größe der Auswanderungsbewegung unter *Braindrain* und ökonomischer, sozialer und kultureller Auszehrung leiden würden. Die Situation in den von massiver Auswanderung in die USA und Südamerika über Jahrzehnte betroffenen südeuropäischen Regionen belegt das. Manche Landstriche haben sich davon bis heute nicht erholt.

Ein zentrales ethisches Postulat der Wirtschaftsmigration muss daher sein, dass der *Braindrain* in den Auswanderungsländern kompensiert wird. Es darf nicht sein, dass die Länder des globalen Südens Bildungsanstrengungen unternehmen, im besten Fall den größten Teil des Steueraufkommens für Bildung, Innovation und Qualifikation einsetzen, um dann zu erleben, dass ihre erfolgreichsten Absolventen das Land so schnell wie möglich in Richtung USA, Europa oder die Golfstaaten verlassen. Die aufnehmenden Unternehmen und Staaten, die sich auf diese Weise kostspielige Ausbildungen und Qualifikationen sparen, müssen ihrer Verpflichtung nachkommen und dafür Sorge tragen, dass die Herkunftsländer des globalen Südens von dieser Abwanderung keine sozioökonomischen Nachteile haben, zumindest sind diesen Ländern die Ausbildungskosten zu ersetzen.[37]

Aber auch die aufnehmenden Länder haben das Recht, ihre gewachsenen Sozialstrukturen vor einer ungeregelten Wirtschaftsmigration zu schützen. Die komplexen sozioökonomischen und kulturellen Kooperationsstrukturen sind mit einem Übermaß an globaler Wirtschaftsmigration unvereinbar. Es ist das ethische Recht einzelner Staaten, die Zuwanderung der Wirtschaftsmigranten nach eigenen Vorstellungen zu regeln und dabei eigene ökonomische Interessen zu berücksichtigen, sofern diese nicht in einen Gegensatz zu den ethisch vorrangigen Interessen der weniger entwickelten Länder des globalen Südens geraten.[38] Wohlhabende Länder, die ein Interesse an geregelter Wirtschaftsimmigration haben, haben das ethische Recht, Einwanderungsbedingungen nach eigener Interessenlage festzulegen, wenn sie bereit sind, die *Braindrain*-Effekte in den Ursprungsländern der Immigranten vollständig zu kompensieren.

VIII. Kapitel

Sieben ethische Postulate für die Migrationspolitik

In diesem Kapitel sollen die Argumentationsstränge zusammengeführt und zu ethischen Prinzipien der Migrationspolitik verdichtet werden. Ich habe im ersten Kapitel für eine kohärentistische philosophische Methode plädiert und werde diese auch hier zur Anwendung bringen. Sodann habe ich mich für eine kosmopolitische Perspektive ausgesprochen, die partikulare (oder kommunitäre) Aspekte in angemessener Weise integriert. Anschließend habe ich mich, vor dem Hintergrund der globalen Herausforderung internationaler Gerechtigkeit, in drei Kapiteln mit ethischen Aspekten unterschiedlicher Formen von globaler Migration auseinandergesetzt. Es ging mir dabei jeweils um normative, nicht um empirische Fragen, aber gewisse Grundkenntnisse der realen Zusammenhänge sind notwendig, um sich ein verlässliches ethisches Urteil zu bilden. Jede substanzielle Fragestellung der Philosophie hat eine empirische Dimension. Die säuberliche Trennung von philosophischen, vermeintlich apriorischen, also von aller Erfahrung unabhängigen, Fragestellungen und einzelwissenschaftlichen, die dann in den Sozial- oder Naturwissenschaften zu behandeln sind, ist irreführend. Spätestens seit der Kritik Quines[1] und später Stegmüllers[2] an bestimmten Dogmen der analytischen Philosophie ist ohnehin aus philosophischen Gründen zweifelhaft geworden, ob sich apriorische und aposteriorische, logische und empirische, präskriptive und deskriptive Fragestellungen in der säuberlichen Weise trennen lassen, wie dies der kantischen, aber eben auch der zeitgenössischen analytischen Philosophie entspräche. Die Philosophie unterscheidet sich von anderen Disziplinen nicht dadurch, dass für sie das Empirische keine Rolle spielt, sondern lediglich graduell: Empirische Untersuchungen sind zwar für philosophische und ethische Stellungnahmen relevant und müssen berücksichtigt werden, die Philosophie hat aber keine besondere Kompetenz, die empirischen Fragestellungen selbst zu klären.[3] Die ängstliche Frage, ob die Philosophie dann überhaupt irgendetwas Substanzielles, etwa zur Ethik der Migration, beitragen könne[4], aber auch der ängstliche Rückzug auf eine bloße Gegenüberstellung unterschiedlicher ethischer Kriterien scheinen mir ganz unbegründet zu sein. In diesem Geist sollen hier einige ethische Prinzipien, die an die Migrationspolitik anzulegen sind, formuliert und erläutert werden. Sie stützen sich auf die Überlegungen der vorausgegangenen Kapitel.

1. Postulat: Gestalte die Migrationspolitik so, dass sie zu einer humaneren und gerechteren Welt beiträgt.

Erläuterung: Die Migration verändert nicht nur die Lebenssituation der Migrierenden selbst, sondern auch derjenigen, die weiterhin in den Ursprungsregionen leben, und speziell derjenigen, die aus der Familie, aus dem Freundeskreis, aus der Nachbarschaft zurückgelassen wurden. Und schließlich verändert Migration auch die Lebenssituation in den Aufnahmeländern. Alle drei großen Gruppen, die Migrierenden, die Zurückbleibenden und die Aufnehmenden, sind im Guten wie im Schlechten von Veränderungen tangiert. Einen fairen Interessenausgleich herzustellen, Migration dort zu fördern, wo sie zu einer gerechteren Welt und zur Linderung von Armut und Not beiträgt, ist eine kosmopolitische Menschheitspflicht, der sich zivilisierte Staaten nicht entziehen dürfen. Humanitäre Gründe können aber auch gegen Migration sprechen, zum Beispiel weil ein entfesselter globaler Arbeitsmarkt, wie im letzten Kapitel erläutert, die staatlichen Solidarstrukturen in Gefahr brächte.

Die Aufnahme von Flüchtlingen kann eine humanitäre Pflicht sein, wenn diese von Tod und Verfolgung in ihren Ursprungsländern, etwa als Folge eines Bürgerkrieges oder der Diskriminierung einer Minderheit, bedroht sind. Migration kann aber auch die Bildungsanstrengungen eines armen Landes zunichtemachen, wenn sie den besser Qualifizierten erlaubt, ihre Arbeitgeber in den reichen Regionen der Welt zu suchen. Wir werden in den letzten beiden Kapiteln dieses Essays die Legitimität staatlicher Grenzen erörtern und damit dem Argument entgegentreten, dass Einschränkungen der Migration grundsätzlich illegitim seien. Und im abschließenden Kapitel werden wir die Migrationsthematik in den größeren – kosmopolitischen – Zusammenhang einer gerechten oder jedenfalls einer gerechteren Welt stellen.

2. Postulat: Gestalte die Migrationspolitik im Inneren, also in den aufnehmenden Gesellschaften, so, dass die Einwanderung als Bereicherung und nicht als Bedrohung wahrgenommen wird.

Erläuterung: Wenn Migrationsbewegungen als ein staatlicherseits unkontrollierbares neues Phänomen interpretiert werden, auf dessen Umfang, Form und Ablauf Regierungen keinen Einfluss nehmen können, stellt sich in der Bevölkerung zwangsläufig das Gefühl eines umfassenden Kontrollverlustes ein, das durch die gewaltigen Zahlen zu erwartender Migrationsbewegungen weiter verstärkt wird. Politische Kräfte, die in zwei osteuropäischen Staaten gegenwärtig die Regierung stellen und auch in einigen westeuropäischen Ländern nach der Macht greifen, die – populistisch – diesen staatlichen Kontrollverlust anprangern und Remedur versprechen, erhalten in einer solchen Situation geradezu zwangsläufig Zulauf. Der demokratische Entscheidungsmechanismus ist dann doppelt außer Kraft gesetzt: einmal, weil die regierenden demokratischen (Volks-)Parteien die entstehenden Überforderungsprobleme der Verwaltung dadurch kaschieren, dass sie behaupten, auf den Umfang der Migrationsbewegungen keinen Einfluss zu haben, und zum Zweiten, weil die politische Auseinandersetzung innerhalb des demokratischen Spektrums angesichts anwachsender rechtspopulistischer Kräfte zum Erliegen kommt. Die erzwungene Regierungskooperation von rechten und linken Volksparteien, die sich über Jahrzehnte mit einem konkurrierenden Gestaltungsanspruch gegenüberstanden, stärkt dann diejenigen politischen Kräfte, die sich als Alternative zum etablierten Parteienspektrum, ja unter Umständen als Alternative zur etablierten demokratischen Ordnung verstehen. Die anwachsende Arbeitslosigkeit und die damit einhergehende Erosion des Sozialstaates und der Staatsfinanzen hatte in den 1930er Jahren in ähnlicher Form, wenn auch weit dramatischer, die demokratische Ordnung gefährdet wie die aktuelle Auseinandersetzung um die Migration in Europa.

Migration hat nur dann eine Chance, in breiten Bevölkerungskreisen als Bereicherung der aufnehmenden Gesellschaft wahrgenommen zu werden, wenn sie staatlich kontrolliert und gesteuert ist und wenn sie nicht zu Ghettobildungen in den Großstädten führt, sondern zu kultureller und sozialer Vielfalt. Entscheidend dafür sind Begegnungsmöglichkeiten zwischen Einheimischen und Zugewanderten, eine frühzeitige Integration in den Arbeitsmarkt und eine Kultur gleicher Anerkennung, die auf wechselseitigem Respekt beruht, ohne einzelne Personen lediglich als Repräsentanten kultureller Gruppen wahrzunehmen. Der humanistische Individualismus, der den philosophischen Hintergrund dieses Essays bildet, wendet sich insofern gegen den Multikulturalismus, also gegen die These, dass eine humane Gesellschaft in erster Linie darin besteht, für die unterschiedlichen kulturellen Identitäten einen anständigen *modus vivendi* zu finden, sondern es zählt vielmehr immer die einzelne Person, die in modernen, multikulturell verfassten Gesellschaften zwischen unterschiedlichen kollektiven (kulturellen, sozialen, sprachlichen, religiösen, weltanschaulichen) Identitäten gewissermaßen navigieren muss, um ihren eigenen Lebensweg gehen zu können. Eine humane Aufnahme der Zugewanderten bedeutet nicht Assimilation, sondern Integration, im Sinne der ökonomischen und sozialen, der kulturellen und der politischen Teilhabe. Von besonderer Bedeutung ist dabei das Angebot, die Lebensverhältnisse durch politisches und soziales Engagement mitzugestalten und damit eine republikanische Identität zu entwickeln, die die unterschiedlichen kulturellen und sonstigen partikularen Identitäten in der Aufnahmegesellschaft überwölbt. Föderale politische Systeme wie das der Bundesrepublik oder das der Schweiz, auch Österreichs weisen dafür besonders günstige Voraussetzungen auf.

3. Postulat: Migrationspolitische Entscheidungen müssen mit dem kollektiven Selbstbestimmungsrecht der jeweiligen Bürgerschaft verträglich sein.

Erläuterung: Dieses Selbstbestimmungsrecht äußert sich in einem (zumindest weitgehenden) Konsens hinsichtlich bestimmter Meta-Regeln oder gegebenenfalls auch Meta-Meta-Regeln oder Regeln zweiter und dritter Stufe. Dieses Selbstbestimmungsrecht verlangt nicht, dass im Einzelfall einstimmig oder jedenfalls in weitgehendem Konsens entschieden wird, es verlangt allerdings, dass die Regeln, nach denen entschieden wird, sich auf einen weitgehenden Konsens stützen können, und wenn dieser Konsens zweiter Ordnung in Frage steht, dass es einen Konsens dritter Ordnung gibt, der dann auch diesen Dissens nach bestimmten Regeln zu beheben versucht. Dies ist keine überspannte philosophische Idee, sondern entspricht der Rechts- und Staatspraxis demokratisch verfasster Staaten. Die Verfassung des jeweiligen Staates legt eine normative Rahmenordnung fest, innerhalb derer dann Dissense ausgetragen werden können. Die in Kraft getretenen Gesetze sind verbindlich, auch wenn sie nur auf einer (knappen) Mehrheitsentscheidung beruhen, aber ihre Verbindlichkeit beruht nicht auf der Mehrheitsentscheidung, sondern auf einem Konsens höherer Ordnung, der sich auf die Regeln bezieht, nach denen entschieden wird.

Man kann dieses Merkmal demokratischer Legitimation auch so formulieren: Am Grunde aller Legitimation liegt die reale, implizite oder zumindest hypothetische

Zustimmung der Bürgerinnen und Bürger eines Staates. Hochumstrittene Grundentscheidungen, die die gesamte Bürgerschaft nicht nur für eine kurze Frist, sondern auf Dauer betreffen, bedürfen einer kontraktualistischen Rechtfertigung. Solche Grundentscheidungen können dann nicht im Modus der Willkür der Exekutive, nicht einmal der Willkür einer parlamentarischen Mehrheitsentscheidung, sondern nur nach gründlicher Beratung und Verständigung über die grundlegenden Argumente in einer Anstrengung um einen neuen Konsens legitimiert werden. Dies gilt für den Einsatz der Gentechnik ebenso wie für risikobehaftete Hochtechnologien, aber auch für die Migrationspolitik, die Generationen auf lange Frist binden wird. Ein Argument, auch wenn es oft eher rechts im politischen Spektrum geäußert wird, ist unabweisbar: Grundlegende migrationspolitische Entscheidungen, die die Lebenssituation der Bürgerschaft als Ganze nicht nur kurzfristig, sondern auf Generationen hinaus beeinflussen, bedürfen einer sorgfältigen Rechtfertigung und sollten auf einem möglichst inklusiven Verständigungsprozess beruhen.[5]

4. Postulat: Die Migrationspolitik sollte so ausgestaltet sein, dass sie die soziale Ungleichheit im aufnehmenden Land nicht verschärft, die Strukturen des sozialen Ausgleichs (Sozialstaat) nicht gefährdet und über alle sozialen Schichten hinweg (eine wohlbegründete) Akzeptanz finden kann. Wo dies nicht der Fall ist, fördert die Migrationspolitik rechtspopulistische und nationalistische Kräfte, deren Erstarken am Ende die Demokratie als Ganze bedrohen kann.

Erläuterung: Empirische Studien zeigen zweifelsfrei, dass Immigration, was immer ihre jeweiligen Ursachen sind, in der Regel den (im sozioökonomischen Sinne) unteren Schichten der Bevölkerung überwiegend Nachteile und den mittleren und höheren sozioökonomischen Schichten überwiegend Vorteile bringt. Eindeutig ist das belegt für Effekte der Immigration auf das Lohngefüge, demnach sinkt in Phasen starker Immigration das Lohnniveau der unteren Arbeitnehmergruppen ab.[6] Dies ist vermutlich auch durch rigide arbeitsmarktpolitische Eingriffe nicht vollständig zu verhindern, weil auch die Verhandlungsmacht der Gewerkschaften vom Arbeitskräfteangebot beeinflusst ist.

Hinzu kommt, dass die Immigranten in der Regel auf preiswerten Wohnraum angewiesen sind und daher in den Vierteln mit niedrigem Durchschnittseinkommen siedeln. Die sozialen und kulturellen Veränderungen, die damit verbunden sind, spüren also in erster Linie diejenigen Bevölkerungsgruppen des aufnehmenden Landes, die ebenfalls auf günstigen Wohnraum angewiesen sind. Die erhöhte Nachfrage lässt die Preise steigen, und kulturelle Konflikte spitzen sich, auch wegen der oft beengten Wohnsituation, zu. Die oberen und mittleren Einkommensgruppen dagegen wohnen in Vierteln, in denen sich die Neuankömmlinge in der Regel aus finanziellen Gründen nicht niederlassen können. Schulklassen in den Elementarschulen in ärmeren Regionen sind dann nicht selten überwiegend von Kindern besucht, die Deutsch nicht als Muttersprache gelernt haben, während die Kinder wohlhabender Familien, auch solcher, die vehement für eine Migrationspolitik der offenen Grenzen plädieren, in Schulen geschickt werden, in denen die muttersprachlichen Kinder nach wie vor dominieren. Erst recht gilt das für den Trend, der sich gegenwärtig in Familien in guten finanziellen Verhältnissen zeigt, auch in Ländern mit einem gut ausgebauten öffentlichen Schulangebot, ihre Kinder auf kostspielige private Schulen zu schicken.[7] Nicht mehr, wie das früher meist der Fall war, weil die Sprösslinge in den staatlichen Schulen zu versagen drohen, sondern nun auch, um sich von den soziokulturellen Entwicklungen ihres Landes gewissermaßen nach oben abzusetzen. Eine Entwicklung, die das staatliche Schulsystem als Ganzes bedroht und möglicherweise am Ende in eine weitgehende Privatisierung der Bildung einmünden könnte, wie wir das heute schon aus den angelsächsischen Demokratien, aber auch vielen Schwellenländern kennen.

Von daher ist es kein Zufall, dass der Widerstand gegen eine Migrationspolitik der offenen Grenzen nicht nur, aber doch überwiegend und dort besonders heftig, aus den unteren sozioökonomischen Milieus kommt. Dies sollten die Wortführer offener Grenzen nicht lediglich als Ausdruck von Rassismus und mangelnder Aufklärung abtun, sondern als Indiz dafür ernst nehmen, dass die Lastenverteilung in den aufnehmenden Gesellschaften in hohem Maße ungleich und ungerecht ist. Aus dieser (empirischen) Erfahrung ergibt sich das fünfte ethische Postulat der Migrationspolitik.

5. Postulat: Die Migrationspolitik generell, speziell aber die auf Wirtschafts- und Arbeitsmigration gerichtete, hat die Nachteile, die sich daraus für die Herkunftsregionen ergeben, vollständig zu kompensieren.

Erläuterung: Die Aufwendungen, die der Heimatstaat für Bildung und Ausbildung in die Qualifikation des Auswandernden investiert hat, ist von den profitierenden aufnehmenden Unternehmen und Staaten auszugleichen. Die globale Vormachtstellung der ökonomisch entwickelten Länder darf nicht durch einen weiteren Aderlass der ärmeren Regionen durch den Verlust ihrer qualifiziertesten Kräfte belohnt werden. Wenn die USA oder Europa nicht in der Lage sind, durch anständige Vergütungen und attraktive Ausbildungsgänge ihren Bedarf an Pflegekräften, an medizinischem Hilfspersonal, an Kinderbetreuerinnen zu decken, dann darf dies nicht dadurch ausgeglichen werden, dass aus den Ländern, in denen diese Kräfte dringend benötigt werden, die Qualifiziertesten abgeworben werden. Hier bedarf es einer internationalen vertraglichen Regelung, die sicherstellt, dass im Falle der Anwerbung[8] die ökonomischen und sozialen Verluste der Ursprungsregionen vollständig ausgeglichen werden.[9]

6. Postulat: Da Migration, nach allen verfügbaren Daten, im Vergleich zu anderen Maßnahmen bei der Bekämpfung des Weltelends und der Milderung der Ungleichheit zwischen globalem Norden und globalem Süden, zwischen ökonomisch entwickelten und ökonomisch weniger entwickelten Regionen weitgehend unwirksam, ja in den meisten Fällen kontraproduktiv ist[10], sollten die Solidaritätsressourcen der Weltgesellschaft nicht überwiegend durch transkontinentale Migration gebunden, sondern für großzügige Transferzahlungen in die Elendsregionen und vor allem zum Aufbau einer gerechteren Weltwirtschaftsordnung eingesetzt werden.

Erläuterung: Die Verflechtung der Weltgesellschaft, nicht nur in ökonomischer, sondern auch in sozialer und kultureller Hinsicht, ist so weit vorangeschritten, dass ihre politische Gestaltung nach Prinzipien globaler Gerechtigkeit unabweisbar geworden ist. Die oberste Priorität aller Migrationspolitik sollte daher der Aufbau kosmopolitischer Strukturen internationaler Gerechtigkeit sein. Die Ausgrenzung des globalen Südens aus den wichtigen Welthandelsverträgen, die rücksichtslose Abschottung der entwickelten Märkte gegenüber Waren aus den weniger entwickelten Ländern, ein Casino-Kapitalismus, der von den großen Finanzzentren in London und New York geprägt wird und auf die Welternährungslage über umfangreiche Spekulationen mit Grundnahrungsmitteln ausgreift, die Verschwendung fossiler Ressourcen für den Energiebedarf der USA,

Chinas und Europas, die Befeuerung des Klimawandels durch die Weigerung energieverschwendender Staaten, sich einem globalen Regime nachhaltiger Politik zu unterstellen, die Verbindung von Transferzahlungen in die ärmeren Weltregionen mit ökonomischen Interessen der Geberländer (statt einer kosmopolitischen Verteilungsinstitution) tragen zur Verschärfung der Migrationsproblematik weltweit bei. Und es grenzt an politischen Zynismus, diese ethisch inakzeptable globale Situation dann in Gestalt von gesteigerten Integrationsanstrengungen gegenüber den wenigen Prozenten derjenigen zu kompensieren, denen die gefährliche und kostspielige Flucht in die Reichtumsregionen gelungen ist.

7. Postulat: Verlange von der Migrationspolitik nichts, was du nicht auch in deinem sozialen Nahbereich akzeptierst, und praktiziere in deinem sozialen Nahbereich, was du von der Migrationspolitik erwartest.

Erläuterung: Diejenigen, die prinzipiell für offene Grenzen argumentieren und dies damit begründen, dass die Zufälligkeiten der Geburt, also zum Beispiel auch die Zufälligkeiten der Zugehörigkeit zu einem bestimmten Staat, keinerlei Rechtfertigung haben und daher die Grenzen fallen sollten, weil Grenzen Menschen davon abhalten, den Wohnsitz zu wechseln, sollten prüfen, ob sie das analoge Prinzip für ihre eigene Lebenswelt akzeptieren würden. Wären sie zum Beispiel bereit,

Obdachlose in ihrer Wohnung aufzunehmen, bis zu der Schwelle, an der das eigene Wohlergehen so weit absinkt, dass die Wohlfahrtsverbesserung für den aufgenommenen Obdachlosen diese nicht mehr kompensiert?[11] Wenn dies nicht der Fall sein sollte, wird diese Weigerung als eine ethisch unzulässige Bevorzugung eigener Interessen interpretiert oder für ethisch zulässig erachtet? Wenn sie als ethisch unzulässige Weigerung interpretiert wird, dann sollte die betreffende Person zunächst ihre Lebensform ändern, bevor sie allgemeine Forderungen an die Migrationspolitik stellt, die von ihr selbst nicht erfüllt werden. Wenn sie allerdings ihre Weigerung für ethisch zulässig hält, dann sollte diese Person erklären, warum das Analogon zur Migrationspolitik generell nicht gilt. Etwas allgemeiner formuliert: Wir sollten nur solche ethischen Prinzipien an die Migrationspolitik anlegen, die sich einbetten lassen in die von uns geteilte und im Ganzen für gerechtfertigt gehaltene Lebensform.

Es ist erstaunlich und erfreulich, in welchem Ausmaß die Bevölkerung diesem Postulat in der Flüchtlingskrise nach der Öffnungsentscheidung im September 2015 entsprochen hat. All das, was als Willkommenskultur gepriesen wurde, hat in der Tat eine größere Katastrophe verhindert. Ohne die Hilfe zahlreicher Freiwilliger und engagierter Gruppen und Vereinigungen wäre die Administration des Zustroms, so schwierig sie sich dann auch über Monate gestaltete, wohl vollständig zusammengebrochen. Dass damit auch Botschaften gesendet wurden, die, oft in zynischer Weise von Schlepperorganisationen ausgenutzt, den Zustrom nach Deutschland noch weiter verstärkt haben, ist den Engagierten nicht anzulasten. Hier wurde im sozialen Nahbereich das praktiziert, was von der Migrationspolitik als Ganzer erwartet wurde: eine beherzte Unterstützung bei der Organisation eines neuen Lebens im fremden Land, Spendenbereitschaft, Beratung, ja im Einzelfall sogar die Aufnahme von Flüchtlingen in die eigenen vier Wände.

IX. Kapitel

Legitimation von Grenzen

Als ich in der Früh in mein Wohnzimmer komme, um zu frühstücken, muss ich zu meinem Erstaunen feststellen, dass dort schon eine Person sitzt. Die Person ist freundlich, sympathisch, aber auch sehr bestimmt: Sie hat sich, wie sie erzählt, mit einem Dietrich Zutritt zu meiner Wohnung verschafft, sie ist obdachlos und bittet mich nun um Zustimmung, mit mir in Zukunft diese Wohnung zu teilen. Obwohl ich die schwierige Situation des Obdachlosen durchaus nachvollziehen kann und er mir keineswegs unsympathisch ist, bitte ich ihn, meine Wohnung umgehend zu verlassen. Die meisten Leserinnen und Leser werden mir zustimmen, dass dies nicht nur mein juridisches, sondern auch mein moralisch begründetes Recht ist. Besteht dieses (moralische) Recht, und wenn ja, aus welchen Gründen?

Um die Situation noch ein wenig zu konkretisieren: Ich bin davon überzeugt, dass der Obdachlose nicht mit dem Tod bedroht ist, wenn ich ihn aus meiner Wohnung weise. Ich bin aber zugleich davon überzeugt, dass sich die Lebenssituation des Obdachlosen deutlich verbessern würde, wenn ich seinem Begehren nachkommen würde. Zudem steht völlig außer Frage, dass meine Lebenssituation eine weit bessere ist als die des Obdachlosen und dass sich die Nachteile, die sich aus einer Kohabitation für mich ergäben, in Grenzen hielten, dass die Vorteile, die der Obdachlose von einer Kohabitation hätte, meine Nachteile bei Weitem überwiegen würden. Denkbar wäre auch, dass ich in eine Verhandlung einträte, und das Ergebnis könnte sein, dass wir uns auf einen Aufenthalt von zum Beispiel einer Woche einigten. Verpflichtet wäre ich dazu allerdings offenkundig nicht.

Die *legitime Grenze* ist in diesem Fall durch meine Wohnung gezogen. Ich kontrolliere als Wohnungseigentümer oder Mieter den Zutritt zu dieser Wohnung, und mein Status als Eigentümer oder Mieter gibt mir individuelle Rechte, darunter das Recht, den Zutritt oder den Aufenthalt zu verweigern, auch im Falle, dass die Person gute Gründe hat, sich den Zutritt oder den Aufenthalt zu wünschen, wie in diesem Fall. Verletzen die individuellen (juridischen und ethischen) Rechte des Wohnungseigentümers ein Gleichbehandlungsprinzip? Muss nicht jede Person gleichermaßen Zutritt zu dieser Wohnung haben? Und sollten wir den Zutritt zu der Wohnung nach Bedürftigkeit regeln? Die Antwort lautet ganz offenkundig: »Nein.« Und zwar deswegen, weil wir uns gemeinsam wünschen, dass wir unter Normalbedingungen die Möglichkeit haben sollten, die eigene Wohnung, einschließlich des Zutritts und des Aufenthalts, zu kontrollieren.

Dieses individuelle moralische Eigentumsrecht verletzt nicht universelle Prinzipien der Gleichbehandlung. Diese sind mit legitimen Grenzen, hier den Grenzen meiner Wohnung, vereinbar. Individuelle (Eigentums-)-Rechte dieser und anderer Art sind nicht absolut, wie Libertäre[1] meinen, sie können und müssen gegen andere moralische Gründe abgewogen werden. In unserem Fall könnte ich zum Beispiel eine moralische Pflicht zur Aufnahme des Obdachlosen dann haben, wenn es sich um eine klirrend kalte Winternacht handelt und zu befürchten wäre, dass der schon kränkelnde Obdachlose eine Nacht im Freien mit dem Leben bezahlen müsste. In Kriegs- und Nachkriegszeiten wurden die Vorrechte von Wohnungseigentümern eingeschränkt, etwa in Gestalt von Zwangsbelegungen für ausgebombte Familien oder Flüchtlinge nach Ende des Zweiten Weltkrieges. Die bloße Tatsache, dass es vonseiten des Staates eine allgemeine, durch gesetzliche Regelungen oder zumindest behördliche Anweisungen gestützte Praxis gibt, ist ethisch relevant. Eine solche allgemeine Praxis löst das Problem der ethischen Unterbestimmtheit (Wer hat in welchem Maße welche moralischen Verpflichtungen gegenüber den Flüchtlingen oder Ausgebombten?) und erfolgt nach – im günstigsten Fall – nachvollziehbaren und gerechten Kriterien (Größe der Wohnung, bisherige Belegungsdichte, Bedürftigkeit der Unterzubringenden etc.). Entscheidungen von dazu Befugten (im Rahmen zum Beispiel staatlicher Gesetze oder staatlicher institutioneller Praxis) haben eine stärker legitimierende Wirkung als die individuelle Entscheidung einer

Person, Grenzen (hier die Grenzen einer Wohnung) zu überschreiten.

Betrachten wir ein anderes Analogiebeispiel, das im Anschluss an Peter Singer[2] gelegentlich angeführt wird, um für eine sehr weitgehende Aufnahmepflicht gegenüber Migranten zu argumentieren: Jemand kommt an einem Teich vorbei und sieht, dass eine Person zu ertrinken droht. Dann ist es offenkundig seine Pflicht, den Ertrinkenden zu retten, auch dann, wenn dies bedeutet, dass seine Kleidung dabei nass wird. Die wohlhabenden Länder haben eine moralische Pflicht, ihre Grenzen jedenfalls so lange offen zu halten, bis die Belastungen durch die Aufnahme unzumutbar groß werden. Peter Singer und zahlreiche philosophische Befürworter offener Grenzen[3] fügen die empirische und wohl auch meist zutreffende Einschätzung hinzu, dass die Unzumutbarkeitsgrenze, also die Grenze, ab der die Belastungen der aufnehmenden Gesellschaft unerträglich werden, angesichts des unterdessen etablierten Wohlstandes in den Reichtumsregionen der Welt sehr hoch angesetzt werden kann. Auch eine Verdoppelung oder Verdreifachung der Wohnbevölkerung in einem überschaubaren Zeitraum sollte dann nicht als unzumutbar gelten.[4]

Damit scheinen zwei Analogieargumente vorzuliegen, die zu gegensätzlichen ethischen Konsequenzen führen. Bevor wir versuchen, dieses Dilemma zu lösen, sei ausdrücklich angemerkt, dass ich solche Analogieargumente für zulässig halte. Der einfachste Weg wäre ja, zu sagen, dass die unterschiedlichen Bereiche der Praxis jeweils von ganz unterschiedlichen Regeln geleitet sind und daher solche Analogien in die Irre führen. Ich bin deswegen der Auffassung, dass Analogieargumente dieser Art zulässig sind, weil die menschliche Praxis als Ganze kohärent zu sein hat. Man kann sich nicht lediglich darauf berufen, dass es sich um eine andere Praxis handelt, sondern man muss zusätzlich sagen, warum diese andere Praxis nach anderen ethischen Prinzipien geregelt werden sollte, um Analogieargumente abzuwehren.

Wenn jemand zu ertrinken droht, ist er mit dem Tode bedroht. Wenn der Obdachlose in einer klirrenden Winternacht mit dem Tode bedroht ist, wenn ich erwarten muss, dass er stirbt, wenn ich ihn aus der Wohnung weise, dann habe ich eine moralische Pflicht, ihn zu beherbergen. Selbst diese Pflicht scheint aber begrenzt zu sein. Wenn es sich zum Beispiel um einen schweren Alkoholiker handelt, der nur durch meine Fürsorge davon abgehalten werden kann, sich zu Tode zu trinken, kann daraus keine zeitlich unbegrenzte Pflicht zur Beherbergung abgeleitet werden. Selbst dann, wenn die Todesfolgen nicht eigenem Handeln (hier Alkoholgenuss), sondern den Umständen verschuldet sind, ist eine unbegrenzte Beherbergungspflicht nicht gerechtfertigt.

Es gibt ein berühmtes Argument für die Legitimität der Abtreibung, das folgende Analogie heranzieht: Eine Frau hat sich für eine Operation in eine Klinik begeben, und als sie aus der Narkose aufwacht, muss sie feststellen, dass ihr Blutkreislauf künstlich mit dem einer anderen Person (über Schläuche) verbunden wurde, und es stellt sich heraus, dass es sich dabei um einen weltberühmten Geiger handelt, der sterben würde, wenn er nicht weiterhin von der Vitalität ihres Herz-Kreislauf-Systems profitieren könnte. Judith Jarvis Thomson[5] hält es auch unter diesen Umständen für zulässig, dass die Frau entscheidet, nach Hause zu gehen und den Musiker sterben zu lassen. Das Recht auf Selbstbestimmung wird nicht einmal durch das Interesse einer erwachsenen, zudem der Menschheit nützlichen (»weltberühmter Geiger«) Person am Weiterleben aufgewogen. Ich, hier die schwanger gewordene Frau, kann mich gegen das werdende Leben in Gestalt einer Abtreibung entscheiden, unabhängig davon, welchen moralischen Status der Embryo hat. Selbst dann, wenn die Personeneigenschaften mit der Verschmelzung von Ei und Samenzelle etabliert wären, selbst dann, wenn die Identität der Person ab diesem Zeitpunkt feststünde, selbst dann, wenn der Embryo die gleiche Würde hätte wie ein geborenes menschliches Wesen oder – hier – in der Geiger-Analogie: ein Erwachsener, hat das Selbstbestimmungsrecht ein größeres Gewicht als das Überlebensinteresse des Wesens, das von meinen Körperfunktionen abhängig ist.

Die Grenzen, die hier gezogen werden, sind andere als die der Wohnung, es sind die Grenzen in Gestalt von Interventionsverboten. Niemand hat das Recht, in dieser Weise in die persönliche Autonomie der Frau einzugreifen, selbst dann, wenn dieser Eingriff das Leben eines Menschen rettet. Man kann die vorrangige Rolle individueller Rechte in demokratischen Verfassungen als Grenzsetzungen dieser Art interpretieren: Was immer die Gründe sein mögen, die für eine Praxis sprechen: Wenn sie individuelle Rechte einer Person verletzen, ist diese Praxis unzulässig. Natürlich kann sich die Trägerin individueller Rechte dazu entschließen, eine Intervention zu akzeptieren, in dem beschriebenen Fall kann sie sich entscheiden, sagen wir, für neun Monate das Bett zu hüten und das Leben des bis dahin so weit Genesenen retten, der dann, ohne an das Herz-Kreislauf-System der Frau angedockt zu sein, überleben kann. Vom Geiger ist zu hoffen, dass er dann autonom leben kann, vom Neugeborenen ist das nicht zu erwarten. Aber es ist die Frau, die darüber entscheidet, weil sie das Recht hat, ein Leben nach eigenen Vorstellungen zu leben.

Die Analogie zur Migrationsthematik liegt auf der Hand: Es gehört zum kollektiven Selbstbestimmungsrecht einer Bürgerschaft, die sich in einem Staat organisiert hat, zu entscheiden, wie sie leben möchte, mit wem sie leben möchte, ob sie kulturelle, soziale und ökonomische Veränderungen akzeptiert oder nicht.[6] Es gibt keine moralischen Gründe, die sie zwingen könnten, dieses Selbstbestimmungsrecht aufzugeben. Natürlich kann sie sich dafür entscheiden, die Veränderungen zu akzeptieren, die Grenzen zu öffnen, bislang nicht Beteiligte an der politischen Meinungsbildung teilhaben zu lassen, neue Kooperationsformen zu etablieren, Wohlfahrtsverluste hinzunehmen. Wenn ich den Ertrinkenden retten kann und mir dabei die Kleider nass mache, habe ich die Pflicht dazu. Wenn ich den Ertrinkenden nur retten kann, wenn ich meine individuelle Selbstbestimmung aufgebe, mein gesamtes Leben ändere, die Kontrolle über das verliere, was mir wertvoll ist, dann habe ich diese moralische Pflicht nicht mehr. Wenn wir das Elend der unteren beiden Milliarden der Weltbevölkerung durch offene Grenzen, durch Aufnahme diesseits des gerade noch Erträglichen bekämpfen würden, wären Staat, Gesellschaft und Kultur, in denen wir leben, nicht mehr wiederzuerkennen. Man kann das wollen, aber man muss es nicht, es ist legitim, Grenzen zu setzen.

Dieses Argument für die Legitimität von Grenzen – unterschiedlichster Art – ist, wohlgemerkt, *nicht partikular* oder *kommunitaristisch*. Hier wird nicht der Interessenstandpunkt eines Staates oder einer Gemeinschaft oder einer Person den Interessenstandpunkten anderer Staaten oder Gemeinschaften oder Personen vorgeordnet. Ich argumentiere nicht dafür, dass kollektive Loyalität nur möglich ist, wenn man das Eigene höher bewertet als das Fremde, wie MacIntyre in »Ist Patriotismus eine Tugend?«[7], ich argumentiere für ein *universelles Recht auf individuelle und kollektive Selbstbestimmung*, das allen (Individuen, Kollektiven, Staaten) gleichermaßen zukommt. Ohne Grenzen gibt es keine individuelle, kollektive, staatliche Selbstbestimmung und keine individuelle, kollektive oder staatliche Verantwortung, dann lösen sich die Strukturen der Verantwortungszuschreibung und der Akteure auf. Ohne Grenzen werden die Lebensformen amorph, sie haben dann keine erkennbare Gestalt mehr, wir wissen dann nicht, wer welcher Akteur ist, wer für was verantwortlich ist, welche Normen und Werte die jeweiligen Praktiken repräsentieren. Eine Gesellschaft aus perfekten Utilitaristen, die je für sich die Nutzensumme im Universum maximierten, bestünde nicht mehr aus Einzelpersonen, die Individuen wären nämlich ununterscheidbar, sie hätten keine eigenen Projekte, keine Normen und Werte, keine Identität. Es ist die – deontologische – Idee der individuellen Verantwortlichkeit, geschützt durch individuelle Rechte und Freiheiten und durch negative Pflichten der anderen, das heißt durch moralische Gebote, die bestimmte Interventionen untersagen, die meine Autonomie gefährden könnten, die individuelle Autorschaft, die Fähigkeit, Autorin oder Autor des eigenen Lebens zu sein, sichert.[8]

Zu dieser *Deontologie* der Grenzen gehören nicht nur die Abwehrrechte der Individuen gegen Interventionen vonseiten des Staates, sondern auch vonseiten anderer Personen, eben auch die konstitutiven Bedingungen kollektiver Autorschaft in Gestalt politischer Institutionen, Staaten, kultureller und anders verfasster Gemeinschaften. Ohne Struktur, ohne legitime und akzeptierte Grenzen keine Autorschaft, keine Zurechenbarkeit, keine Verantwortlichkeit, kein Respekt und keine Würde. Das so sympathische Plädoyer für Grenzenlosigkeit, die These, dass Grenzen grundsätzlich illegitim seien, weil sie Unterschiede aufrechterhielten[9], lässt sich bei genauer Betrachtung ethisch nicht legitimieren.

Wie steht es aber um die Ungerechtigkeiten, die durch die Grenzen entstehen? Ist es nicht ungerecht, dass Menschen, die in einem bestimmten Land geboren sind, deswegen geringere Chancen auf Wohlergehen haben als andere? Verlangt nicht das Prinzip des Ausgleichs natürlicher oder zufälliger Unterschiede, um Chancengleichheit sichern zu können, dass Grenzen verschwinden?

Auch innerhalb einer nationalstaatlich verfassten Gesellschaft bestehen massive Ungleichheiten als Folge der Tatsache, dass man in eine bestimmte Familie hineingeboren wird, von einem bestimmten soziokulturellen Milieu umgeben ist, möglicherweise ungünstigen elterlichen Entscheidungen den eigenen Bildungsweg betreffend ausgesetzt war, etwas erbt oder nicht, genetisch begünstigt oder benachteiligt ist usw. Diese Unterschiede, in der englischsprachigen Philosophie der Gegenwart oft als *natural luck* bezeichnet, sollten in einer gerechten Gesellschaft so weit als möglich ausgeglichen werden: Den sozial Benachteiligten sollten besondere Mittel zur Verfügung stehen, um ihren Konkurrenznachteil ausgleichen zu können, Kinder mit Behinderungen sollten mehr staatliche Ressourcen binden dürfen, um sich gut entwickeln zu können, als Kinder ohne Behinderungen usw. Aber es gibt auch hier enge Grenzen des Zulässigen egalitaristischer Praxis. So wäre es ethisch unzulässig, Kinder auf die Familien umzuverteilen, Kinder mit genetischen Nachteilen in Familien mit sozioökonomischen Vorteilen zu verpflanzen und umgekehrt. Es wäre unzulässig, Heranwachsende mehrfach aus den Familienbezügen herauszunehmen und sie mit ungünstigeren beziehungsweise günstigeren Lebensbedingungen zu konfrontieren, um eine Gleichheit der Startbedingungen herzustellen. Diese und andere

hyperegalitaristische Maßnahmen wären deswegen unzulässig, weil sie die wünschenswerten Strukturen einer humanen Gesellschaft, der Zusammengehörigkeit,
der Verantwortlichkeit der individuellen und kollektiven Selbstbestimmung zerstören würden. Eine humane
Gesellschaft ist von der Balance zwischen Gleichheit
und Differenz geprägt. Differenzen ergeben sich aus
dem individuellen und kollektiven Recht auf Selbstbestimmung, sie vollkommen zu eliminieren hieße, inhumane individuelle und kollektive Verantwortlichkeit
zerstörende Maßnahmen zu ergreifen.

Der Egalitarismus im Sinne des Gebots der Gleichbehandlung und der Gleichverteilung – außer es gibt
Gründe für eine Ungleichverteilung – muss mit den
Differenzen der individuell und kollektiv gestalteten
Lebensformen und ihren Zufälligkeiten vereinbar sein,
sonst schlägt der Egalitarismus in eine inhumane Praxis
um. Wenn wir aber die Auflösung von Familienstrukturen, das Auseinanderreißen von Freundschaften und
Nachbarschaften im Dienste gleicher Chancen ableh-
nen, dann akzeptieren wir die ethische Relevanz von
Strukturen, von Zugehörigkeiten und Abgrenzungen.
Auch dann, wenn es der sozialen Emanzipation eines Individuums zuträglich wäre, wenn es zum Freundeskreis
eines einflussreichen anderen Individuums gehörte,
gibt es keine moralische Pflicht der Aufnahme in diesen Freundeskreis. Das Recht, seine Freunde selbst zu
bestimmen, ist ein wesentliches Merkmal autonomer
Lebensführung, es hat Vorrang gegenüber der Realisierung von Gleichheitspostulaten. Erst recht gilt dies für

Eheschließungen. Über viele Jahrzehnte hinweg wurde soziale Mobilität teilweise dadurch gesichert, dass insbesondere Frauen über eine Eheschließung ihre sozioökonomische Situation verbesserten bzw. die soziale Schicht, der sie entstammten, hinter sich ließen. Dies ist heute weitgehend zum Erliegen gekommen. Soziologen sprechen von Endogamie, im Sinne einer Einheirat in dieselbe soziale Schicht, was vermutlich damit zusammenhängt, dass die Abstiegsängste größer geworden sind und die Absicherung gegen diesen Abstieg durch vergleichbare ökonomische Leistungskraft zumindest unbewusst eine Rolle bei Eheschließungen spielt. Aber auch wenn die Heirat über unterschiedliche sozioökonomische Milieus hinweg ein wichtiger Beitrag für eine egalitärere und sozial mobilere Gesellschaft wäre, könnte niemand darauf verpflichtet werden. Das individuelle und hier auch das kollektive (ein Kollektiv, das zwei Personen umfasst) Selbstbestimmungsrecht hat Vorrang.

Wir sollten uns das Zusammenleben der menschlichen Gesellschaft diesseits und jenseits nationaler Grenzen und über die Zeiten der Menschheitsgeschichte hinweg wie eine Ansammlung unterschiedlicher Dichte von Myriaden von Teilchen in einer bewegten Flüssigkeit vorstellen. An manchen Stellen formen sich diese Teilchen zu dichten Klumpen, an anderen dünnen sie aus, manche bleiben über längere Zeiträume hinweg in enger räumlicher Nähe, andere entfernen sich voneinander und begegnen sich nie wieder, wieder andere sind hochmobil und nähern sich der einen oder anderen Verklumpung nur vorübergehend an, um dann zu einer anderen zu wechseln. Die Ströme der Flüssigkeit werden von Gefäßen strukturiert, zwischen denen es mehr oder weniger starken Austausch gibt. Die Bewegungs- und Interaktionsmuster ändern sich nicht nur von Gefäß zu Gefäß, sondern auch zwischen den unterschiedlichen Verklumpungen.

Der Vorzug dieser Metapher ist, dass sie das Graduelle, die permanent fließenden Übergänge, das Wechselverhältnis von Struktur (der Gefäße) und Strömungsbild vor Augen führt. Den jeweiligen Verklumpungen entsprechen soziale Nahbereiche und kulturelle Gemeinschaften verschiedenster Art. Dem Wechsel der Teilchen von der einen zur anderen Verklumpung und die Überlagerung unterschiedlicher Verklumpungen im Strömungsgeschehen entsprächen die Kreolisierungsprozesse und die Kosmopolitisierung der Weltgesellschaft.[10] Die einzelnen Gefäße sind nicht hermetisch voneinander abgeschlossen, sie sind miteinander verbunden, aber in unterschiedlichem Ausmaß. Nur sehr wenige Staaten der Welt können sich gegenüber der globalen Migration abschließen.

Die einzelnen Verklumpungen sind durch spezifische Formen von Interaktion geprägt, die an den Rändern ausdünnen und oft in fließendem Übergang zu anderen Strukturen der Interaktion und der damit einhergehenden normativen Stellungnahmen stehen. Aber es lassen sich auch gemeinsame Muster über alle Verklumpungs- und Gefäßstrukturen hinweg erkennen. Man mag dies als das Bild einer *globalen Zivilgesellschaft* interpretieren. Diese entsteht nicht durch einen besonderen Status, sondern in Fortsetzung bestehender Bindungen und Interaktionen, die im globalen Maßstab ephemerer werden und eine Normativität voraussetzen, die partikulare Bindungen überwölben.

Wir haben in diesem Bild Gefäßstrukturen, Interaktionsstrukturen, institutionell verfestigte kollektive Identitäten, etwa in Gestalt einer verbindlichen und sanktionierten Rechtsordnung über alle kulturellen und regionalen Gemeinschaften hinweg, und eine weiche Strukturbildung, meist ohne oder nur mit einer schwach ausgeprägten institutionellen Verfestigung, das, was üblicherweise als kulturelle Identität bezeichnet wird. Diese beiden strukturbildenden Merkmale sind nicht unabhängig voneinander, aber man darf sie nicht identifizieren. Das ethnizistische Missverständnis des Nationalstaates identifiziert diesen mit einer partikularen, kulturell bestimmten Lebensform und empfindet daher jede Vervielfältigung kultureller und regionaler Gemeinschaften als eine Bedrohung. Diese ethnizistische Fassung des Nationalstaates tendiert zu einer Planierung und Nivellierung, im Konfliktfalle zur Unterdrückung partikularer (genauer: partikularerer) Gemeinschaften und provoziert dadurch wiederum Revolten, die sich über ethnische Identität legitimieren. Dieses Muster prägt den Kurdenkonflikt in der Türkei ebenso wie die separatistischen Bewegungen etwa der Katalanen oder der Schotten in Europa. Das, was durch Nivellierung und Assimilation zum Verschwinden gebracht werden soll, formiert sich als seinerseits »national« interpretierter Widerstand neu. Statt als »Bergtür-ken« die Differenzen der Lebensform langsam abklingen zu lassen, wie es der türkische Nationalismus erwartete und forderte, formiert sich eine virtuelle kurdische Nation, die nicht nur die Türkei, sondern drei weitere Staaten um ihre territoriale Integrität fürchten lässt.

Auch der Umgang mit religiösen Gemeinschaften folgt demselben Muster: Religiöse Gemeinschaften, die sich marginalisiert fühlen, die ihre eigenen Gotteshäuser nicht errichten dürfen, die sich ins Private zurückziehen müssen, die sich gewissermaßen den Blicken der Mehrheitskultur entziehen müssen, um ihren religiösen Bräuchen und spirituellen Praktiken nachzugehen, sind vor die Alternative gestellt, sich zu assimilieren und einen Teil ihrer Identität aufzugeben oder gerade das Verdrängte zum Zentrum einer wie auch immer imaginierten oppositionellen Identität zu machen. In dieser Hinsicht scheint mir die US-amerikanische Praxis in einer in hohem Maße von religiösen Empfindungen und Praktiken geprägten Gesellschaft geradezu vorbildlich zu sein: Gotteshäuser unterschiedlichster Provenienz, nicht nur christliche, stoßen – bislang – nicht auf Widerstand, und die Vielfalt christlicher Konfessionen lässt die christliche Mehrheitsgesinnung für andere Religionsgemeinschaften nicht als bedrohlich erscheinen.

In den nicht monotheistischen Religionen ist die Kombination unterschiedlicher religiöser Traditionen, ja die multireligiöse Nutzung derselben Tempelanlagen ausgeprägter. Shintoistische und buddhistische, auch taoistische und konfuzianische Glaubensinhalte und -riten werden nicht als unvereinbar empfunden. Die Missionierung der Angehörigen anderer Glaubensrichtungen ist in diesen Kulturregionen unüblich. Auch die mit der religiösen Identität verbundene kulturelle Abschließung ist in den monotheistischen Religionsgemeinschaften verbreiteter und reicht bis zur massiven Sanktionierung, die sich in einigen Rechtsordnungen islamischer Staaten als Todesstrafe für die Abkehr vom muslimischen Glauben gehalten hat (Apostasie). Aber auch die Praxis der Endogamie, also die Praxis der Verheiratung innerhalb einer Religionsgemeinschaft, ist eine historische Gemeinsamkeit der drei monotheistischen Wüstenreligionen.[11]

Die gesellschaftliche Konvivialität unterschiedlicher Religionsgemeinschaften setzt bei allen Differenzen der Lebensformen und der Bewertungen einen Konsensus höherer Ordnung voraus, der sich auf den Umgang mit Religion und kulturellen Differenzen bezieht. Erst dieser Konsensus höherer Ordnung stiftet Zivilität, einen zivilen Umgang über Wertungsdifferenzen hinweg. Aber auch diese zivile Praxis angesichts religiöser Differenzen muss in der Alltagskultur verankert sein. Eine religiös motivierte Apartheid mit separaten Orten der Begegnung, des Amüsements, der Freizeit und der Arbeit wäre mit dieser Form der Zivilität unvereinbar. Auch die Separierung in religiös einheitliche Viertel in den Großstädten mag manche Konflikte erst gar nicht entstehen lassen, ist aber ein Hindernis für eine gemeinsame bürgerschaftliche (politisch verfasste) Identität.

Die Hoffnung liberaler Philosophen, dass sich das Politische und das Kulturelle sorgsam trennen lassen, trügt. Wir sind mit einem Kontinuum von kleinen Partikularitäten des Nahbereichs über kulturelle und religiöse Gemeinschaften bis zu den normativen Konstitutiva ziviler Staatlichkeit und globaler Bürgerschaft konfrontiert. Die Praxis politischer Partizipation, also eine republikanisch verfasste Demokratie, kann in der Tat zur Befriedung kultureller und religiöser Konflikte einen wesentlichen Beitrag leisten, sie über den Nationalstaat auszudehnen, ist ein – kosmopolitisches – Postulat.

X. Kapitel

Auf dem Weg zu einer gerechteren Welt

Der Ökonomie-Nobelpreisträger Amartya Sen hat in seiner letzten großen Monografie *Die Idee der Gerechtigkeit*[1] davor gewarnt, einen Idealzustand einer gerechten Gesellschaft an den Beginn einer Untersuchung zu stellen. Er wendet sich damit gegen den bedeutendsten Gerechtigkeitstheoretiker des 20. Jahrhunderts, John Rawls, da dieser in *A Theory of Justice* (1971)[2] zwar die Prinzipien einer (fast) gerechten Gesellschaft entworfen hatte, die Wege zu mehr Gerechtigkeit in einer ganz überwiegend ungerechten Welt aber ungeklärt ließ.

Amartya Sen, Ökonom und Philosoph, ist dafür viel kritisiert worden. Ich denke allerdings, dass die meisten seiner Kritiker den theoretischen Hintergrund seines Arguments gegen einen Idealzustand unberücksichtigt ließen: Sen hat über Jahrzehnte hinweg wichtige Beiträge zur Logik kollektiver Entscheidungen verfasst und dabei die Grenzen des Optimierungsmodells ausgelotet.[3]

Die Grenzen des Optimierungsprinzips zeigen sich aber nicht nur in der Ökonomie, sondern auch in der praktischen Philosophie, in der Ethik, speziell in der Gerechtigkeitstheorie. Wir können zwar im Einzelfall angeben, was eine Verbesserung darstellt, nicht aber zugleich daraus schließen, dass es möglich ist, einen optimalen Zustand zu bestimmen. So können verschiedene Kriterien der Verbesserung miteinander in Konflikt geraten oder zusammen nur eine unvollständige Bewertung ermöglichen. Besser ist es folglich, die jeweiligen Chancen einer (inkrementellen) Verbesserung zu nutzen und nicht auf den Tag zu warten, an dem sich Gerechtigkeit im Hinblick auf einen angestrebten idealen Endzustand optimieren lässt.

Die Geschichte des politischen Denkens zeigt zudem, dass die Orientierung an einem idealen Endzustand meist in einen praktisch wirkungslosen oder aber in der Praxis inhumanen Utopismus umschlägt. Das gilt schon für den ersten großen Repräsentanten utopischen Denkens, Platon, aber erst recht für seine frühneuzeitlichen Nachfolger Tommaso Campanella, Thomas Morus oder die Frühsozialisten des 19. Jahrhundert. Selbst Karl Marx, der sich gegen den Utopismus wendet, ist noch von der Erlösungshoffnung, der eines Tages möglichen Realisierung eines irdischen Paradieses, geleitet. Erst recht gilt das für seine Anhänger im 19. und 20. Jahrhundert. Idealvorstellungen der Gerechtigkeit muten oft wie eine säkularisierte Religion an beziehungsweise wie eine Form politischer Religiosität: Sie verlagern die jenseitigen Erlösungshoffnungen der Religionen in das

Diesseits, in die irdische Welt, bleiben aber eschatolo-
gisch.[4]

So wie der Humanismus in Utopismus umschlagen
kann[5], läuft der Pragmatismus Gefahr, zur technokrati-
schen Praxis zu verkommen. Eine humane Praxis muss
die Balance zwischen Utopie und Sozialtechnologie
wahren. Der Kosmopolit versteht die Weltgesellschaft
als eine Form der Kooperation, deren Früchte in fairer
Weise eingesetzt werden sollten, um es Menschen zu ermöglichen, ein Leben nach eigenen Vorstellungen (Autonomie, humanistischer Individualismus) zu führen. Der
Kosmopolitismus[6] verweigert sich der Parzellierung der
Weltgesellschaft in Nationalstaaten, die ihre internen
Angelegenheiten nach gemeinsamen Gerechtigkeits-
vorstellungen regeln, während sie nach außen als Wöl-
fe[7] in einem rücksichtslosen Kampf um die Kontrolle
ökonomischer Ressourcen (menschliche Arbeitskräfte,
Rohstoffe, Innovationen etc.) kämpfen. Die Entwicklung
der vergangenen dreißig Jahre hat die Rolle der Staaten in diesem Konkurrenzkampf zurückgedrängt und
mächtige Konzerne, aber auch demokratisch nicht kontrollierte internationale Institutionen zu zentralen Akteuren des Weltgeschehens werden lassen.[8] Migration
kann in kosmopolitischer Perspektive nicht als ein Instrument rücksichtslosen Konkurrenzkampfes um ökonomische Vorteile betrachtet werden, sei es seitens der
Unternehmen oder seitens der aufnehmenden Staaten.
Eine geschickt gesteuerte Immigration nach den ökonomischen Interessen der aufnehmenden Staaten kann
immense Vorteile für die Wirtschaftsentwicklung ent-

wickelter Länder, zumal solcher mit einer ausgeprägten demografischen Schrumpfung, haben. Aber das darf, wie in Kapitel VII dieses Essays argumentiert, nicht zum dominierenden Kriterium werden. Wenn Einwanderungsgesetze Punkte nach der Nützlichkeit der Einwanderer für das aufnehmende Land vergeben und entsprechend Aufenthaltsgenehmigungen und Bleiberecht, eventuell sogar die Staatsangehörigkeit verleihen, wird der ohnehin bestehenden ökonomischen Dominanz des globalen Nordens nur ein weiteres Machtinstrument an die Seite gestellt, das die bestehende Abhängigkeit des globalen Südens zementiert.[9]

Angesichts der ungebrochenen ökonomischen Dynamik, des Wachstums der Weltwirtschaft, der Produktivität und angesichts der skandalös einseitigen Nutzung dieser Zuwächse an Wirtschaftskraft im Interesse eines kleinen Prozentsatzes der Wohlhabenden weltweit muss, in meinen Augen, die Beseitigung des Elends der unteren zwei Milliarden der Weltbevölkerung oberste Priorität haben. Der sich aufbauende Druck der Armutsmigration, der über die Elendsregionen selbst ausgreift, mag dazu beitragen, dass die reicheren Regionen zunehmend Bereitschaft zeigen, der Beseitigung des Weltelends in den internationalen Beziehungen eine höhere Priorität zu verleihen.

Das Paradigma der Geopolitik, das nach dem Zusammenbruch der bipolaren Weltordnung zunehmend um sich greift und nicht nur von Russland, sondern auch von den USA, ebenso von regionalen Hegemonialmächten und der zukünftigen Supermacht China bedient

wird, muss dem Paradigma der Weltsozial- und Weltinnenpolitik weichen. Dazu bedarf es nach meiner fes-
ten Überzeugung nicht nur des guten Willens einzelner Regierungen, sondern vor allem des schrittweisen
Aufbaus von *globalen Institutionen*, die den Rahmen ab-
stecken, innerhalb dessen Gerechtigkeitsfragen einer
rationalen Klärung und praktischen Umsetzung zuge-
führt werden können. Der Modus der intergouverne-
mentalen Aushandlung ist über Jahrzehnte, man denke
an die Nachhaltigkeitsagenda von Rio de Janeiro[10] oder
die Klimagipfel, gescheitert. Ich sehe keinen Sinn darin, diese Form der Globalpolitik fortzuführen, sie dient
nach meinem Eindruck ganz überwiegend der Beruhi-
gung der Weltöffentlichkeit, während die praktischen
Ergebnisse allzu bescheiden geblieben sind.[11]

Dieser erste, fundamentale Paradigmenwechsel sollte
von einem zweiten begleitet sein, nämlich dem Wechsel
von einer Transferpolitik globaler Gerechtigkeit zu einer Ordnungspolitik globaler Gerechtigkeit. Das Trans-
ferparadigma, welches auch in den Sozialstaaten der
ökonomisch entwickelten Länder dominiert, setzt auf
die Abschöpfung der ökonomisch Stärkeren und die Unterstützung durch Transfers für die ökonomisch Schwächeren. So wichtig Transferzahlungen im Einzelfall sein
können, schaffen sie doch fast immer Abhängigkeiten
und gehen mit dem Verlust eigener Gestaltungskraft,
im Extremfall mit dem Verlust der Autorschaft des eigenen Lebens einher. Wer sich seinen Lebenswandel in
den entwickelten Ökonomien als Sozialhilfeempfänger
vorschreiben lassen muss, hat einen Gutteil seiner

Autonomie und seiner Würde eingebüßt. Eine rationale Gerechtigkeitspolitik im nationalen Rahmen setzt auf Ermächtigung, auf Förderung eigener Handlungskompetenz und ökonomischer Selbstständigkeit. Transferzahlungen sollten als *ultima ratio* und nicht als das zentrale Steuerungsinstrument von Gerechtigkeitspolitik begriffen werden, sowohl im nationalen als auch im internationalen Rahmen.

Eine gerechte Weltwirtschaftsordnung entsteht nicht dadurch, dass sich die ökonomisch entwickelten Länder bereit erklären, einen gewissen Prozentsatz ihres Bruttoinlandsproduktes für Transferzahlungen in die »Entwicklungsländer« zur Verfügung zu stellen. Diese führen zur Abhängigkeit der lokalen Regierungen von den Zuwendungen der ökonomisch entwickelten Länder, was sich unter anderem darin äußert, dass die Bedürfnisse, Präferenzen und Klagen der eigenen Bevölkerung weniger wichtig genommen werden als das Bemühen um das Wohlwollen der reichen Geberländer. Das gilt besonders in Staaten ohne funktionierende demokratische Kontrolle. Vor allem aber greifen diese Transferzahlungen häufig auf fatale Weise in die lokalen ökonomischen und sozialen Strukturen ein und zerstören zum Beispiel durch Bereitstellung billiger oder kostenloser Nahrungsmittelhilfen die Grundlagen der örtlichen Agrarwirtschaft.[12] Zudem tendieren Transferzahlungen dazu, strukturell bedingte Ungerechtigkeiten, das, was der Entwicklungstheoretiker Johan Galtung[13] vor vielen Jahren als strukturelle Gewalt charakterisiert hat, zu perpetuieren. Die enge Verknüpfung, die viele Geberländer zwischen Transferzahlungen einerseits und der Erschließung von Absatzmärkten für Firmen und Produkte aus den Geberländern andererseits herstellen, verfestigt Abhängigkeitsstrukturen und verhindert deren Veränderung. Studien gelangen zu dem Ergebnis, dass die Transferzahlungen in die armen Weltregionen, insbesondere in Afrika, die sich auf gewaltige Milliardenbeträge aufsummieren[14], durch ökonomische Vorteile bei der Erschließung von Absatzmärkten und durch die Aufrechterhaltung von Abhängigkeitsstrukturen mehr als kompensiert werden. Das heißt, was als großzügige Hilfe erscheint, ist nur mehr eine Methode, um die strukturellen Ungerechtigkeiten im Interesse der wohlhabenden Länder, Unternehmen und Bürger aufrechtzuerhalten.[15]

In der Tat ist auffällig, dass der globale Süden von Phasen der politischen Schwächung des globalen Nordens in der Regel profitierte. Besonders deutlich lässt sich dies an der Entwicklung der südamerikanischen Ökonomien ablesen.[16] Eine gerechtere Weltwirtschaftsordnung lässt sich nicht bilateral, durch Handelsverträge, aufbauen, sondern nur multilateral, Schritt für Schritt, im Rahmen eines Aushandlungsprozesses der Vereinten Nationen, organisieren. Dieses Muster ist aus den Menschenrechtsverträgen[17] vertraut, und es ist nicht einzusehen, warum es nicht ebenso erfolgreich auch auf die Etablierung einer Weltwirtschaftsordnung, die einem gemeinsamen globalen Gerechtigkeitssinn entspricht, angewendet werden kann. Es gibt bei allen Interessenkonflikten das überragende gemeinsame Interesse an einer Befriedung und Zivilisierung der Weltgesellschaft. Es ist eine Erfahrung, die sich an vielen Beispielen belegen lässt, dass die Hoffnung auf Prosperität durch Kooperation zur Befriedung beiträgt, ja selbst tief verwurzelte kulturelle Stereotype und Konfliktmuster überwinden kann.

Die Entwicklung der Europäischen Union seit den Römischen Verträgen in den 1950er Jahren, die Überwindung der »Erbfeindschaft« zwischen Deutschland und Frankreich, die schiere Denkunmöglichkeit einer kriegerischen Auseinandersetzung innerhalb der EU trotz Fortbestehen zahlreicher Interessenkonflikte, zeigt, dass es hilfreich ist, einen institutionellen Kooperationsrahmen zu setzen, der in diesem Falle über Jahrzehnte mit der Erwartung wachsender Prosperität verbunden ist. Vermutlich wäre es zu den Balkankriegen gar nicht erst gekommen, wenn eine frühzeitige Beitrittsperspektive für diese Region zur Europäischen Gemeinschaft eröffnet worden wäre, statt nationalistisch motivierte Abspaltungen zu befördern, wie es in der Zerfallsphase des Vielvölkerstaates Jugoslawien auch durch die deutsche Außenpolitik erfolgt ist.

Auch wenn die interkontinentale Migration mit der Elendsproblematik im globalen Süden, wie wir gesehen haben, nur lose verbunden ist, so gibt es doch einen systematischen Zusammenhang zwischen Prosperitätserwartungen in den Ursprungsländern und Migrationsbereitschaft. Je größer die Prosperitätserwartung vor Ort ist, desto geringer der Migrationsdruck. Auch die langsam entstehenden Mittelschichten in den ärmeren

Regionen der Welt haben ein Interesse daran, dass die sozialen Spannungen in ihren Ländern nachlassen, die Kriminalitätsrate zurückgeht, der soziale Zusammenhalt zunimmt. Überall dort, wo kleine Cliquen von Superreichen das wirtschaftliche und politische Geschehen kontrollieren, kann dieses gemeinsame Interesse an Kooperation und Zivilität nicht gedeihen. Weite Regionen Südamerikas sind dafür ein abschreckendes Beispiel. Wenn das politische System nur zum ausführenden Organ der Interessenwahrnehmung einiger weniger superreicher Familien geworden ist, wenn sich jede öffentliche Dienstleistung käuflich erwerben lässt, dann verliert die Politik nicht nur jeglichen Gestaltungsspielraum, sondern dann kommt auch die marktwirtschaftliche Konkurrenz und die Innovationskraft zum Erliegen. Die Verhältnisse erstarren, und am Ende bleibt ein ausgeplündertes Land, deren Eliten ihre Kapitalien und oft auch ihre Wohnsitze ins Ausland verlegt haben. Es gibt ein ökonomisches Interesse an öffentlicher Ordnung und sozialer Gerechtigkeit, das allerdings in oligarchischen Verhältnissen nicht wirksam werden kann.

Das Aufbrechen dieser oligarchischen Strukturen kann nicht von außen erfolgen, es muss von innen, aus der politischen Mobilisierung des jeweiligen Landes, kommen. Aber wir sollten uns bewusst sein, dass die oligarchischen Strukturen in weiten Teilen der Welt von den gegebenen wirtschaftlichen Bedingungen profitieren und durch diese stabilisiert werden. Wir sollten keinen Demokratieexport betreiben, keine Politik des Regimewechsels fortsetzen, wie sie der Westen in der

MENA-Region seit Anfang der 1990er Jahre mit desaströsen Konsequenzen praktiziert hat, aber wir sollten in den wohlhabenden Ländern darauf hinwirken, Strukturen der Weltwirtschaft zu etablieren, für die die Erfüllung menschlicher Grundbedürfnisse im Vordergrund steht und nicht die Interessen von Oligarchen. Direkte Handelsbeziehungen mit Kooperativen, Zusammenschlüssen von Bauern und Gewerbetreibenden, haben Vorrang gegenüber Subsidien. Auf diese Weise werden Konkurrenten gefördert, die die oligarchischen Strukturen herausfordern können. Eine direktere Einflussnahme besteht auf die Konzerne aus den ökonomisch entwickelten Regionen, die im globalen Süden ihre Geschäfte machen.

Gegenwärtig blockiert die Standortkonkurrenz zwischen den ökonomisch entwickelten Ländern eine wirksame Kontrolle, mit der Folge, dass sich manche global agierenden Konzerne zu Hause als mustergültige Arbeitgeber darstellen können, während ihre Gewinnmargen in hohem Maße von rücksichtsloser Ausbeutung unter menschenunwürdigen Arbeitsbedingungen in ärmeren Weltregionen bestehen. Das gilt für weite Teile der Textilwirtschaft ebenso wie für einen Vorzeigekonzern wie Apple.[18] Hier bedarf es einer internationalen Übereinkunft, die diese global wirtschaftenden Unternehmen und Konzerne in ähnlicher Weise auf die Standards der ILO[19] verpflichtet, wie dies für Tarifvereinbarungen im nationalen Rahmen gilt. So wie Tarifverträge zu einer gewissen Einheitlichkeit, Nichtdiskriminierung und Inklusivität im nationalen Rahmen beitragen, so sollten analoge transnationale, kontinentale und globale Vereinbarungen zwischen Kapital und Arbeit geschlossen werden können, die von einer Weltsozialgerichtsbarkeit kontrolliert werden, nach ähnlichem Muster wie durch den Internationalen Strafgerichtshof. Die Wirksamkeit transnationaler gesetzlicher Normen innerhalb der EU ohne eigene Sanktionsgewalt in Gestalt von entsprechenden Behörden mit polizeilichem Durchgriffsrecht in den Mitgliedsstaaten zeigt, dass eine solche globale Institutionalisierung menschenwürdiger Arbeitsbedingungen auch ohne globale Polizeigewalt umsetzbar ist. Voraussetzung ist dabei die wechselseitige Verpflichtung der vertragsschließenden Staaten und die konsequente Umsetzung der dann etablierten Normen durch die einzelstaatlichen Behörden.

Die hier aufgeführten Beispiele können als Wege zu einer gerechteren Gesellschaft bezeichnet werden: Paradigmenwechsel in der Entwicklungszusammenarbeit, Institutionalisierung einer globalen Weltwirtschafts- und Weltsozialpolitik, Primat der Elendsbekämpfung im globalen Süden, politische Kontrolle internationaler Konzerne, Zurückdrängung oligarchischer Strukturen. Welche Rolle wird in einer solchen Welt auf dem Weg zu mehr Gerechtigkeit Migration spielen, und welche Implikationen ergeben sich daraus für die Migrationspolitik der Zukunft?

Eine humanere und gerechtere Weltwirtschafts- und Sozialordnung wird nicht alle, aber manche Migrationsgründe beseitigen: Migrationen, ausgelöst durch Hungersnöte als Folge verfehlter globaler und regionaler

Agrarpolitik; Migrationen, ausgelöst durch die Hoffnungslosigkeit der wirtschaftlichen Situation, die von lokalen Oligarchen kontrolliert wird; Flüchtlingsbewegungen, ausgelöst durch Krieg und Bürgerkrieg, sollten durch eine institutionalisierte Weltinnenpolitik immer seltener werden. Die Mitgliedschaft in den Vereinten Nationen setzt nicht nur das Akzeptieren der Konfliktvermeidungs- und Konfliktbeilegungsregeln der Charta[20] und der Allgemeinen Erklärung der Menschenrechte voraus, sondern auch den Beitritt zu den zentralen völkerrechtlichen Verträgen und dem Internationalen Strafgerichtshof. Mit anderen Worten: Die Unterstellung unter elementare globale Rechtsregeln konstituiert erst die Völkergemeinschaft, wie sie als Leitidee der Charta der Vereinten Nationen zugrunde liegt. Damit der Weg zu mehr internationaler Gerechtigkeit erfolgreich beschritten werden kann, muss allerdings die gegenwärtige Machtasymmetrie behoben werden, die sich darin äußert, dass nur Potentaten machtloser Staaten, vor allem aus Afrika, mit einer Verurteilung rechnen müssen, während der Bruch des Völkerrechts durch mächtige Länder ungesühnt bleibt.[21]

Migrationsangebote im Interesse der aufnehmenden ökonomisch entwickelten Länder und im Interesse ihrer Wirtschaftsunternehmen werden auf dem Weg zu einer gerechteren Welt nur noch zulässig sein, wenn die Nachteile, die die Ursprungsregionen und -ökonomien dadurch erfahren, vollständig kompensiert werden. Verbleibende Bürgerkriegs- und Kriegsflüchtlinge werden von den umliegenden Staaten, finanziert von der Weltgemeinschaft, nach einem fairen Verteilungsschlüssel aufgenommen, bis der betreffende Konflikt beigelegt ist. Wenn der Konflikt nicht rechtzeitig beendet werden kann, erfolgt eine Verteilung der Flüchtlinge nach Kontingenten auf die Mitgliedsländer der Vereinten Nationen, wobei die Präferenzen sowohl der Flüchtlinge als auch der aufnehmenden Länder, soweit es im Rahmen der Kontingentierung möglich ist, berücksichtigt werden.

Die Migration zwischen Ländern mit geringem Wohlstandsgefälle folgt der Regel: Bürger haben das – kosmopolitische – Recht auf Auswanderung, aber nicht das Recht auf Einwanderung. Das Land, in das Einlass begehrt wird, hat eine Gastpflicht, hat eine Pflicht, die ankommenden Menschen aufzunehmen und – vorübergehend – zu versorgen, aber keine Pflicht, sie einwandern zu lassen. Die Realisierung des Welthospitalitätsrechtes, das Kant 1795 in seiner Schrift *Zum ewigen Frieden* gefordert hatte, darf nicht zu einer Benachteiligung derjenigen führen, die im Heimatland, trotz Auswanderungswunsch, verblieben sind. Daher sollte es völkerrechtlich verbindliche Möglichkeiten geben, vom Heimatland aus bei der Botschaft des betreffenden Landes Asyl zu beantragen oder bei den (erst noch einzurichtenden) nationalen Repräsentationen der Vereinten Nationen beziehungsweise ihrer Unterorganisationen, zum Beispiel dem UNHCR.[22] Länder können bilateral oder im Rahmen eines Staatenverbundes wechselseitige Niederlassungsfreiheit oder Arbeitnehmerfreizügigkeit vereinbaren, Länder können sich einseitig öffnen, sofern sie sich an die oben erläuterte Kompensationsbedingung bei Immigranten aus wirtschaftlich schlecht gestellten Nationen halten. Föderal verfasste Staaten können auch interne Migrationsbeschränkungen festlegen und eine gestufte Staatsbürgerschaft vorsehen. Diese wird sich aus Praktikabilitätsgründen wohl in der Regel auf Einschränkungen der Niederlassungsfreiheit, der Wohnortwahl beschränken und die Freizügigkeit innerhalb der Staatsgrenzen aufrechterhalten.

Mit dieser Vision entfaltet sich die kosmopolitische Ordnung nach oben und nach unten: Subnationale, regionale Strukturen werden aufgewertet und transnationale Strukturen geschaffen. Die politische Ordnung erlaubt lokale, regionale, »nationale«, aber auch supranationale, kontinentale und globale politische Gestaltung und kollektive Selbstbestimmung. Eine so konzipierte kosmopolitische Ordnung löst die politischen und sozialen Strukturen nicht auf, sie verwandelt die Weltgesellschaft nicht in einen globalen Markt für Güter, Dienstleistungen und Arbeitskräfte, sondern erlaubt die politische Gestaltung einer gerechten Welt, die wünschenswerte Mobilität zulässt und fördert, aber die kulturellen und sozialen Verwerfungen der Migrationsbewegungen begrenzt.

Verfestigungen und Verflüssigungen

Migration prägt die gesamte Menschheitsgeschichte. Die heutige Weltbevölkerung außerhalb Afrikas besteht fast ausschließlich aus Nachkommen von ostafrikanischen Migranten. Diese sind vor rund 50 000 Jahren aus Afrika ausgewandert und haben sich über den Nahen Osten nach Europa und Asien, später in die beiden Amerikas ausgebreitet. Die unterschiedlichen Hominiden, also mit dem sogenannten Homo sapiens eng verwandten Menschenarten, die schon vor Millionen von Jahren auch außerhalb Afrikas lebten, spielen genetisch für die heutige Weltbevölkerung eine verschwindend geringe Rolle. Man könnte es auch so formulieren: Die autochthone Bevölkerung in Eurasien wurde fast vollständig von den afrikanischen Immigranten verdrängt. Der genetische Anteil der Neandertaler wird heute auf 2−4 % geschätzt. Dunkel geblieben ist, ob dieses Verschwinden der europäischen und asiatischen Ureinwohnerschaft gewalttätigen Konflikten zu verdanken ist, bei denen die Neuankömmlinge die Oberhand behielten, oder lediglich durch deutlich unterschiedliche Reproduktionsraten bedingt ist. Die Tatsache, dass es offenkundig zahlreiche sexuelle Kontakte zwischen beiden Menschengruppen gegeben hat, wird von manchen Anthropologen als Indiz für eine eher friedfertige Phase des Übergangs interpretiert. Wenn man die massiven genetischen Veränderungen etwa 2,4 bis 2,6 Millionen Jahre vor unserer Zeit in Zentralafrika zum Ursprung der Menschheitsgeschichte erklärt, die Spaltung in sogenannte Nussknacker-Menschen und die Vorfahren des Homo sapiens, ist die moderne menschliche Weltbevölkerung Folge einer gewaltigen Wanderungsbewegung, die vor rund 70 000 Jahren einsetzte. Dies erklärt auch das vielleicht zunächst überraschende Phänomen, dass die genetische Verwandtschaft der Nichtafrikaner weltweit größer ist als die der afrikanischen Bevölkerung.

Interessanterweise ist bis heute nicht wissenschaftlich geklärt, was die treibenden Elemente dieser Populationsverschiebungen waren. Man darf sich diese allerdings nicht als eine je individuelle Migration vorstellen, denn selbst wenn sich bestimmte Siedlungsgebiete im Laufe von Generationen nur um wenige Kilometer verschieben, können sich gewaltige Populationsbewegungen über die Jahrtausende ergeben. Unzweifelhaft aber hat es auch individuelle Migration in hohem Umfang gegeben, weil unwirtliche Regionen, etwa die Wüstengebiete im Nahen Osten oder Gebirgsregionen, überwunden werden mussten. Was kann unsere Vorfahren dazu bewegt haben, in klimatisch ungünstigeren Gefilden zu siedeln? Manche Anthropologen vermuten, dass dies mit dem verstärkten Angebot an eiweißhaltiger

Nahrung in nördlicheren Regionen zu tun haben müsse, andere, dass Umweltkatastrophen lange vor Beginn des anthropogenen Klimawandels eine Rolle gespielt haben, dass durch ökologische Veränderungen Lebensräume verschwunden sind, zum Beispiel größere zusammenhängende Waldgebiete oder Seen, an deren Ufern es sich gut leben ließ, wieder andere, dass Konflikte zwischen unterschiedlichen Ethnien eine Rolle gespielt haben mögen – die anthropologischen Theorien weisen hier ein breites Spektrum von Erklärungsansätzen auf.

Aber nicht nur in prähistorischer, sondern auch in historischer Zeit hat es gewaltige Migrationsbewegungen gegeben. Am bekanntesten ist die sogenannte Zeit der Völkerwanderungen, die für den Untergang des weströmischen Imperiums verantwortlich gemacht wird. Auch hier wird die Geschichtsschreibung unterdessen differenzierter. Die ältere Darstellung beschrieb scharfe Grenzen zwischen dem römischen Imperium und zum Beispiel den germanischen Siedlungsräumen im Norden und Osten (nördlich der Donau und westlich des Rheins), während jüngste Funde römischer Werkzeuge mitten in den germanischen Siedlungsgebieten darauf hindeuten, dass es vermutlich eine sich über Jahrhunderte hinziehende Kooperation, dass es Handel, wohl auch Eheschließungen zwischen den Kulturen gegeben haben muss. Auch Kriege haben zweifellos stattgefunden. Aber sie prägen das heutige Bild in der Geschichtsschreibung nicht mehr so deutlich wie noch vor wenigen Jahrzehnten.

Die modernen Nationalstaaten kann man als eine Form der Verfestigung sozialer Strukturen interpretieren, sie etablieren eine klare »nationalstaatliche« Zugehörigkeit als Bürgerinnen und Bürger. Diese ist nicht nur durch die Nation bestimmt, der man angehört (trotz der missverständlichen Bezeichnung), sondern durch die jeweilige Staatsbürgerschaft, die in modernen »Nationalstaaten« meist von unterschiedlichen kulturellen Identitäten geprägt ist und in manchen Fällen sogar explizit von unterschiedlichen Nationen (wie im Falle Großbritanniens). Es gibt auch den Fall der mehrere Staaten umgreifenden Nation, wie etwa die der Kurden (Türkei, Irak, Syrien) und der Deutschen bis zur Vereinigung der beiden deutschen Nachkriegsstaaten. Die Grenzen zwischen kultureller Identität, Nation und Staatsbürgerschaft sind fließend. Moderne Staaten (wir lassen im Folgenden das irreführende »National« in »Nationalstaaten« weg) unterscheiden sich deutlich von den staatlichen Gebilden, wenn man dort schon von Staaten sprechen mag, die durch feudale Familienbande zusammengehalten waren. Im Heiligen Römischen Reich Deutscher Nation, das insgesamt fast tausend Jahre Bestand hatte, sprach man charakteristischerweise von den *nationes et gentes*, die dieses Gebilde ausmachten: *gentes* waren die Geschlechter, die adligen Familien, und *nationes* waren die Völker, die in irgendeinem, wenn auch nicht präzise geklärten Verhältnis zu den *gentes* standen. Die entstehenden Nationalstaaten des späten 18. und 19. Jahrhunderts geben den *nationes* vor den *gentes* das Primat und stürzen die feudalen Machtmonopole. Die Idee einer politisch gestifteten Volksgemeinschaft entsteht zumindest westlich des Rheins, die durch ein Territorium, durch geteilte Institutionen und eine geteilte Normativität, die in der Verfassungsordnung ihren Ausdruck findet, die durch politische Partizipation, gleiche individuelle Rechte und Freiheiten sowie durch institutionalisierte Solidarität in Gestalt eines entstehenden Sozialstaates zusammengehalten ist. Es schien zunächst so, als würden die entstehenden Nationalstaaten zur Befriedung beitragen, zumindest sofern sie republikanisch verfasst sind, entsprechend einer Vision von Immanuel Kant.[1]

Das 20. Jahrhundert zeigt allerdings, dass die Befriedung durch Entmachtung ehrsüchtiger Aristokraten und die Etablierung einer republikanischen Staatsbürgerschaft jedenfalls dann scheitert, wenn diese ideologisch aufgeladen ist und politische Religionen die nationale Agenda zunehmend prägen.[2] Es ist die dreifache Katastrophe des 20. Jahrhunderts, in Gestalt des Ersten Weltkriegs, den man noch überwiegend als Ausdruck von globalisierten Machtkonflikten zwischen Nationalstaaten interpretieren kann, des nur fünfzehn Jahre später ausbrechenden Zweiten Weltkriegs, der eher den Charakter eines europäischen und dann globalisierten Bürgerkrieges hat, und schließlich des nationalsozialistischen Völkermords an den Juden, die nicht nur in Europa, sondern weltweit ein normatives Interventionsverbot etabliert hat, die Idee kollektiver Sicherheit gegen diejenigen, die diese nationalstaatliche Ordnungsstruktur gefährden, und ein politisches Primat gegenüber ökonomischen Interessen. Zugleich wird diese neue staatliche Ordnungsstruktur überwölbt von einem geistigen Bürgerkrieg zwischen Ost und West, dem sogenannten Kalten Krieg. Während der Konflikt der Einzelstaaten gebannt zu sein scheint, lebt der Krieg politischer Religionen fort, allerdings nun unter anderen Vorzeichen, nicht mehr Nationalsozialismus und Liberalismus, gefolgt von Nationalsozialismus und Kommunismus, sondern nun Freier Westen gegen Sowjetrepublik. Das sich dann rasch etablierende Gleichgewicht des Schreckens führt zu einer Erstarrung der Weltverhältnisse, trotz zahlreicher, auch kriegerischer, Auseinandersetzungen: Die staatlichen Grenzen sind sakrosankt, nicht, weil die umgrenzten Menschenkollektive einheitlichen nationalen, kulturellen, sprachlichen Kriterien entsprächen, sondern weil diese nur um den Preis eines Dritten Weltkrieges veränderbar sind (militärische Konflikte an der »Peripherie« ausgenommen). Eine strukturelle Verfestigung unter der *pax americana cum sovietica*.

Innerhalb dieser Verfestigung staatlicher Strukturen entwickeln sich allerdings ökonomisch und sozial dynamische Gesellschaften. Die drei Dekaden vom Ende des Zweiten Weltkriegs bis zur Mitte der 1970er Jahre waren durch rasch anwachsende Prosperität, durch den Ausbau der Sozialstaatlichkeit, durch eine ausgleichende staatliche Wirtschaftspolitik und durch politisch kontrollierte Wechselkurse geprägt. In den beiden durch Erdölpreissteigerungen der OPEC ausgelösten Weltwirtschaftskrisen werden allerdings die Grenzen dieser keynesianisch inspirierten nationalstaatlichen politischen Gestaltungskraft deutlich. Die Reaktion ist eine Wendung zur erneuten Verflüssigung in Gestalt der Entfesselung der ökonomischen Dynamik. Sowohl die Thatcher- als auch die Reagan-Revolution sprengen die nationalstaatlichen Grenzen durch eine ökonomische Entgrenzung der Verhältnisse. Der Markt als Organisationsprinzip lässt sich durch staatliche Institutionen nicht bändigen, die konservativ-wirtschaftsliberale Revolte depotenziert staatliche Gestaltungskraft und entfesselt zugleich die ökonomische Dynamik. Dieser Prozess der Verflüssigung hält in der langen Phase der Dominanz neoliberaler Ideologie an und erfasst dann auch die sozialdemokratischen Parteien Europas, insbesondere in Großbritannien und Deutschland. Der dritte Weg von Bill Clinton, Tony Blair oder Gerhard Schröder versucht, Sozialstaatlichkeit mit wirtschaftlicher Dynamik zu verbinden, versucht, durch weitere Verflüssigungen die Eurosklerose und die Probleme auch der US-amerikanischen Ökonomie zu überwinden – mit einigem Erfolg. Aber die einmal in Gang gesetzte Verflüssigungsdynamik lässt sich nicht mehr stoppen. Sie führt zu einem weiteren Verlust nationalstaatlicher Gestaltungskraft, zu einer zunehmenden Dominanz der Finanzwirtschaft über die Realwirtschaft und zu einer Virtualisierung ökonomischer Werte.

Die erste Krise dieser Verflüssigungsphase endet im Crash der *New Economy* mit einem Verlust von 90 % der Aktienwerte. Wenige Jahre darauf folgt die zweitgrößte Weltwirtschaftskrise der Moderne, nach derjenigen von 1929 ff., ausgelöst durch eine Krise der sogenannten

subprime markets, das heißt US-amerikanischer Hypo-
thekenverträge, die in Erwartung weiterer Immobilien-
wertsteigerungen auch Kredite an Personen vergeben
haben, die über kein Eigenkapital und oft nur unsi-
chere Einkommensaussichten verfügten. Die vorausgegangenen Verflüssigungen führten dazu, dass diese
zunächst lokale Krise, die alle Charakteristika einer Bla-
se aufwies, sich wie ein Lauffeuer beschleunigte, auch
durch staatliche Fehlentscheidungen weltweit ausbrei-
tete und zu einem dramatischen Einbruch der globalen Wirtschaftsleistung führte. Bis heute hat sich die
Finanzwirtschaft von dieser Krise nicht wirklich erholt.
Die Branche befindet sich in einer Schrumpfungspha-
se, sie muss sich re-dimensionieren, und ihr Verhältnis
zur Realwirtschaft ist seitdem nachhaltig gestört. Viele
Beobachter hatten erwartet, dass nach dieser zweiten
Krisenerfahrung, so wie nach der ersten, eine Rückkehr
zur erneuten Verfestigung der politisch-institutionellen
Verhältnisse einsetzen würde. Möglicherweise ist der
unerwartete Wahlerfolg von Donald Trump mit einer
Agenda der Verfestigung (Schließung der Grenzen,
Kritik des Freihandels) ein Indiz dafür, dass die »neoliberale« Epoche, trotz der intellektuellen Dominanz
des Verflüssigungsparadigmas in der ökonomischen
Theorie und der Wirtschaftspolitik, aber auch in den
postmodernen Milieus, einschließlich der Politik offener Grenzen für Waren, Dienstleistungen, Kapital und
Arbeitskräfte zu Ende geht.

Die Migrationsdebatte pendelt zwischen diesen beiden Polen der Verfestigung und der Verflüssigung. Und

so, wie die wirtschaftspolitische Debatte sich nicht nach links und rechts sortiert, so ist dies auch in der Migrationsdebatte nicht der Fall. Befürworter offener Grenzen finden sich sowohl im wirtschaftsliberalen Lager als auch in weiten Teilen der politischen Linken. Kritiker einer zu weit gehenden Verflüssigung finden sich sowohl unter Sozialisten und Sozialliberalen wie unter Konservativen und Rechten. Die Zuspitzung der Flüchtlingskrise, die ungeklärte Migrationspolitik in Europa generell und die Tatsache, dass große Teile der Bevölkerung von der Globalisierung nicht profitieren, hat die politische Landschaft diesseits und jenseits des Atlantiks umgepflügt, auch in Deutschland. Die beiden Volksparteien haben empfindliche Verluste ihrer Wählerbindung erlitten, eine zur Partei geronnene Protestbewegung gegen die Euro-Politik der Bundesregierung, die nach heftigen inneren Konflikten und dem Austausch fast ihres gesamten Führungspersonals, einhergehend mit einem politischen Rechtsruck, dem Untergang geweiht schien, scheint sich als politische Partei rechts von der Union dauerhaft zu etablieren.

Die demokratischen Kräfte geraten nicht nur in Deutschland unter Druck. Man kann durchaus den Eindruck gewinnen, dass die Demokratie als Staats- und Lebensform in Europa und in Nordamerika in Gefahr ist. Die Präsidentschaftskampagne 2016 in den USA war von einer beispiellosen Verrohung der politischen Kommunikation geprägt. Rechtspopulistische Positionen haben Chancen, die Regierungspolitik in den USA zu prägen, einige EU-Mitgliedsstaaten werden schon heute von rechtspopulistischen Parteien regiert. In weiteren Mitgliedsländern, auch im Westen Europas, erstarken sie. Die Migrationsthematik wird von diesen Parteien für eine ressentimentgetriebene Rhetorik instrumentalisiert. Dennoch wäre es in meinen Augen für die Demokratie in Europa hochgefährlich, wenn sich die demokratischen Kräfte zu einer bloßen Abwehrfront zusammenschlössen und den Abstiegsängsten, dem Gefühl, abgehängt und ausgeschlossen zu sein, vor allem dem Bedürfnis nach politischer Kontrolle nicht in angemessener Weise Rechnung trügen. Der größte Teil der Bürgerschaft muss sich im Spektrum der politischen Parteien wiederfinden, sich repräsentiert fühlen, was allerdings auch die Modifikation und Integration von Interessenlagen durch eine Rationalisierung im politischen Prozess der parlamentarischen, indirekten, rechtsstaatlich verfassten Demokratie einschließt.

Die Medien spielen in diesem Prozess eine zentrale Rolle. Die politische Kultur in Deutschland ist stärker als anderswo von öffentlich-rechtlichem Fernsehen und Radio sowie von seriösen Zeitungen und Zeitschriften geprägt. Dass diese Stärke der deutschen politischen Kultur in der Flüchtlingskrise so wenig zum Tragen kam, dass auch die seriösen Leitmedien nicht zum Stabilitätsanker wurden, mag auch schlicht damit zusammenhängen, dass die politische Urteilskraft auch der edelsten Feder überfordert war, dass das bloße Festhalten an vertrauten Überzeugungen nicht mehr ausreichte und eine neue, kohärente Beurteilung noch nicht in Sicht war.

Wenn dieser Essay die eine oder andere ideologische Voreingenommenheit erschüttern und das rationale Fundament einer ethischen und politischen Beurteilung der Migration und der Migrationspolitik stärken sollte, wäre sein Zweck erfüllt. Urteilskraft hat ihren Preis. Ohne Zivilcourage bleibt sie wirkungslos.

Anmerkungen

Vorwort

1 Dass diese Orientierungskrise schon länger anhält, zeigen z. B. die Beiträge in dem Sammelband *Debating Immigration*, hrsg. von Carol M. Swain, Cambridge 2007, besonders interessant darin sind die Empfehlungen von Randall Hansen an Europa: »The Free Economy and the Jacobin State, or How Europe Can Cope with the Coming Immigration Wave« (S. 223–236) und die Diskussion des Spannungsverhältnisses von sozialer Gerechtigkeit und offenen Grenzen von Stephen Macedo: »The Moral Dilemma of U.S. Immigration Policy. Open Borders Versus Social Justice?« (S. 63–81)

2 Vgl. UNDP: *Human Development Report / Multidimensional Poverty Index,* online verfügbar unter: http://hdr.undp.org/en/content/multidimensional-poverty-index-mpi (Letzter Zugriff 29.09.2016).

3 Vgl. Jonathan Moses: *International Migration: Globalization's Last Frontier,* New York 2006.

4 Vgl. z. B. Konrad Ott: *Zuwanderung und Moral,* Stuttgart: Reclam 2016.

5 Das Münchner Kompetenzzentrum Ethik, das ich bis Ende 2016 leitete, veranstaltete im Sommersemester 2016 die Vortragsreihe »Migration und Ethik« (Video-Aufzeichnungen der Vorträge von Gillian Brock, Reinhard Merkel und Julian Nida-Rümelin auf der Homepage des MKE). Vgl. a. die Video-Dokumentation einer Veranstaltung der Friedrich-Ebert-Stiftung am 28. September 2016 zur Ethik der Zuwanderung

mit Julian Nida-Rümelin und weiteren Diskussionsteilnehmern.

Einführung und Überblick

1 Ich weiß, dass diese Interpretation auf Kritik stoßen wird, da sie vermeintlich moderne Disziplinen wie die Politikwissenschaft oder Ökonomie mit der philosophischen Begrifflichkeit aus einer ganz anderen Zeit und einer ganz anderen Kultur in Verbindung bringt. Tatsächlich habe ich in einer Reihe von Vorträgen und Veröffentlichungen zu zeigen versucht, dass die aristotelische Trias aus Ethik, Politik und Ökonomie, einschließlich ihrer Anbindung an die (jeweilige) menschliche Lebensform, auch im Kontext moderner Ausdifferenzierung der Systeme und Disziplinen Orientierung bieten kann. Vgl. Julian Nida-Rümelin: *Philosophie und Lebensform*, Frankfurt a. M.: Suhrkamp 2009 (bei Verweisen auf eigene Publikationen im Folgenden JNR).

2 Vgl. JNR: »Recht und Moral« in: Silja Vöneky (Hrsg.): *Ethik und Recht. Die Ethisierung des Rechts*, Berlin: Springer 2013, S. 3–16.

3 Vgl. Ludwig Wittgensteins Ausführungen in: *Über Gewissheit*.

4 Vgl. dazu: Dietmar von der Pfordten (Hrsg.): *Moralischer Realismus? Zur kohärentistischen Metaethik Julian Nida-Rümelins*, München: mentis 2015.

5 Vgl. JNR: *Humanistische Reflexionen*, Berlin: Suhrkamp 2016, Kapitel IV. und VI.

6 Ich habe diese Konzeption in einer kleinen Monografie ausgearbeitet: *Verantwortung*, Stuttgart: Reclam 2011. Da die *Ethik der Migration* für alle Interessierten lesbar sein sollte, auch für solche, die noch keine Zeile meiner früheren Schriften kennen, muss hier alles Wesentliche, das wir für unsere Argumentation brauchen, eingeführt werden. Literaturverweise auf eigene und fremde Schriften erfolgen nur, um Anregungen für weitere Lektüren zu geben, nicht, um auf Prämissen hinzuweisen, ohne die unsere Schlussfolgerungen nicht verständlich wären.

7 Aus diesem Grund habe ich der Berlin-Brandenburgischen Akademie der Wissenschaften vorgeschlagen, eine Arbeits-

gruppe *Internationale Gerechtigkeit und institutionelle Verantwortung (IGIV)* einzurichten. Diese Arbeitsgruppe hat im Juli
2016 ihre Arbeit aufgenommen; sie wird ihre Ergebnisse in
Vorträgen und Publikationen präsentieren.

8 Gillian Brock/Michael Blake: *Debating Brain-Drain. May
Governments Restrict Migration?*, New York: Oxford University
Press 2015.

9 Der Ausdruck »Nationalstaat« suggeriert die Einheit von Staat
und Nation. Diese ist aber in vielen Staaten der Welt nicht
gegeben, und man kann durchaus der Auffassung sein, dass
diese Einheit nur in seltenen Sonderfällen ein vernünftiges
politisches Ziel ist. Wir werden uns trotz dieses Bedenkens
meist dem üblichen Sprachgebrauch anschließen.

I. Ethische Pflichten

1 Vgl. Peter Singer: *Practical Ethics*, New Haven 1979 (deutsch
u. d. T. *Praktische Ethik* bei Reclam) und *The Most Good You
Can Do. How Effective Altruism Is Changing Ideas About Living
Ethically*, Yale 2015 (deutsch u. d. T. *Effektiver Altruismus.
Eine Anleitung für ein ethisches Leben*, erschienen bei Suhr-
kamp).

2 Im Folgenden kurz für die Addition des individuellen
Wohlergehens beziehungsweise als Summe der Präferenzenerfüllung.

3 Vgl. Richard M. Hare: *The Language of Morals*, Oxford 1952
(deutsch u. d. T. *Die Sprache der Moral*, erschienen bei Suhrkamp), *Freedom and Reason*, Oxford 1963 (deutsch u. d. T.
Freiheit und Vernunft, erschienen bei Suhrkamp), *Moral
Thinking. Its Levels, Method, and Point*, Oxford 1981 (deutsch
u. d. T. *Moralisches Denken. Seine Ebenen, seine Methoden, sein
Witz*, erschienen bei Suhrkamp) sowie meine Kritik: »Kann
der Erzengel die Konsequentialismus-Kritik entkräften?«,
in: Christoph Fehige/Georg Meggle (Hrsg.): *Zum Moralischen
Denken*, Band 2, Frankfurt a. M.: Suhrkamp 1995, S. 43–53.

4 Schon die antike philosophische Bewegung der Stoa kam
zum Ergebnis, dass Sklaverei unzulässig ist, im Gegensatz zu
Aristoteles.

5 Dieses Argument entspricht der Kritik des bedeutendsten Gerechtigkeitstheoretikers des 20. Jahrhunderts, John Rawls, am Utilitarismus. Rawls hat seine Theorie der Gerechtigkeit 1971 vorgelegt und damit eine Boom-Phase der Ethik und der praktischen Philosophie generell eingeleitet, die bis heute anhält: *A Theory of Justice*, Cambridge / MA 1971 (deutsch u. d. T. *Eine Theorie der Gerechtigkeit*, erschienen bei Suhrkamp).

6 Vgl. Bernard Williams / Amartya Sen: *Utilitarianism and Beyond*, Cambridge 1982.

7 Ich habe die Kritik am Utilitarismus auf eine Kritik am Konsequentialismus ausgeweitet, also auf eine Kritik aller Theorien der Rationalität und der Moral, die die Optimierung der Handlungskonsequenzen zum Kriterium machen. Ein zentrales Argument ist, dass utilitaristische Akteure nicht kooperationsfähig sind. Vgl. JNR: *Kritik des Konsequentialismus*, München: Oldenbourg 1993 und *Die Optimierungsfalle. Philosophie einer humanen Ökonomie*, München: btb 2015.

8 Utilitaristen setzen sich dementsprechend auch gegen diese Einwände dadurch zur Wehr, dass sie unseren moralischen Intuitionen jeden Erkenntniswert absprechen. Sie meinen, dass allein durch die Tatsache, dass moralische Überzeugungen und Praktiken weit divergieren, sich die Unzulänglichkeit dessen erweist, was als moralische Intuition bezeichnet wird. Aber das ist ein ähnliches Vorgehen, wie es Descartes zu Beginn der Neuzeit in den *Meditationes de prima philosophia* (1641) praktizierte, nämlich die Abwertung aller Wahrnehmungen und Erfahrungen, die völlige Abstraktion von Empirie, um dann den Versuch zu unternehmen, alles Wissen aus Prinzipien zu deduzieren, was – natürlich – spektakulär scheitern musste.

9 Vgl. E. Tugendhat: *Dialog in Leticia*. Frankfurt a. M.: Suhrkamp 1997.

10 Vgl. Thomas Hobbes: *Leviathan*, 1651 und für die moderne politische Ethik James Buchanan: *The Limits of Liberty. Between Anarchy and Leviathan*, Chicago 1974 (deutsch u. d. T. *Die Grenzen der Freiheit. Zwischen Anarchie und Leviathan*, erschienen bei Mohr Siebeck) und Robert Nozick: *Anarchy. State. Utopia*, New York 1974 (deutsch u. d. T. *Anarchie.*

Staat. Utopia, erschienen bei Moderne Verlagsgesellschaft) oder auch der deutsche Philosoph Peter Stemmer, der eine neue Variante des Kontraktualismus vorgelegt hat: *Handeln zugunsten anderer. Eine moralphilosophische Untersuchung*, Berlin/New York: De Gruyter 2000.

11 Was durchaus zweifelhaft ist angesichts der Tatsache, dass der Klimawandel, den wir seit einigen Jahrzehnten beobachten und der die weitere Entwicklung noch auf lange Zeit prägen wird, durch den Verbrauch fossiler Ressourcen insbesondere in hoch industrialisierten Ländern verursacht ist.

12 Dafür steht in der europäischen Aufklärung John Locke: *Second Treatise of Government* in: Two Treatises of Government (1690) (deutsch u. d. T. *Zweite Abhandlung über die Regierung,* in: Zwei Abhandlungen über die Regierung) und in der Gegenwart Robert Nozick: Nozick wird stilbildend für späte-re libertäre Positionen, insofern er als ethisches Fundament lediglich die drei Locke'schen Individualrechte nennt: Recht auf Leben, Recht auf körperliche Unversehrtheit und Recht auf rechtmäßig erworbenes Eigentum. Alle anderen Rechte müssen daraus abgeleitet werden. Hilfspflichten oder Fair-ness spielen keine Rolle. Vgl. *Anarchy. State. Utopia*, New York 1974 (deutsch u. d. T. *Anarchie. Staat. Utopia,* erschienen bei Moderne Verlagsgesellschaft).

13 1966 verabschiedete die UNO-Generalversammlung die beiden Menschenrechtspakte über wirtschaftliche, soziale und kulturelle Rechte bzw. über bürgerliche und politische Rechte.

14 Zur Frage, ob der Welthunger auch dann eine Ungerechtig-keit darstellt, wenn er von lokalen Ursachen bestimmt ist, vgl. Thomas Pogge: *Weltarmut und Menschenrechte*, Berlin: De Gruyter 2011.

15 Im ersten Teil von JNR: *Humanistische Reflexionen.*

16 Ivan D. Illich/Helmut Lindemann: *Entschulung der Gesellschaft. Eine Streitschrift*, München: C. H. Beck 2003.

II. Verantwortung: individuell, kollektiv, global

1 Wolf Singer: *Der Beobachter im Gehirn: Essays zur Gehirn-forschung*, Frankfurt a. M.: Suhrkamp 2002 und *Ein neues Menschenbild? Gespräche über Hirnforschung*, Frankfurt a. M.: Suhrkamp 2003.

2 Niklas Luhmann: *Die Gesellschaft der Gesellschaft*, Frankfurt a. M.: Suhrkamp 1998.

3 Louis Althusser: *Pour Marx*, Paris 1965.

4 Michel Foucault: *Les mots et les choses: Une archéologie des sciences humaines*, Paris 1966 (deutsch u. d. T. *Die Ordnung der Dinge. Eine Archäologie der Humanwissenschaften*, erschienen bei Suhrkamp).

5 Richard Rorty: *Philosophy as Cultural Politics. Philosophical Papers*, Volume 4, Cambridge 2007 (deutsch u. d. T. *Philosophie als Kulturpolitik*, erschienen bei Suhrkamp).

6 In einer einflussreichen philosophischen Handlungstheo-rie der Gegenwart wird diese Unterscheidung aufgehoben, in Gestalt des sogenannten anomalen Monismus von Donald Davidson (*Wahrheit, Sprache und Geschichte*, Frankfurt a. M.: Suhrkamp 2008, Kapitel XIII und XIV). Demnach sind Wünsche *(desires)* und Überzeugungen *(beliefs)*, die eine Person zu einem bestimmten Zeitpunkt hat, nicht nur die Gründe, sondern auch die kausalen Ursachen für die betreffende Handlung. Davidsons Theorie ist einer von zahlreichen Versuchen, das Phänomen des Normativen naturalistisch zu integrieren, das heißt in einen möglichen Gegenstand der Sozial- und Naturwissenschaft zu überfüh-ren. Alle diese Versuche, selbst dieser elaborierteste und differenzierteste, sind jedoch zum Scheitern verurteilt. Wer sich für meine Argumentation dazu interessiert, de-ren Kenntnis in diesem Essay nicht vorausgesetzt wird, sei auf zwei Reclam-Bändchen von mir verwiesen: *Strukturelle Rationalität* von 2001 und *Über menschliche Freiheit* von 2005 sowie JNR: »Nachtrag zur Naturalismusthematik« in: Dieter Sturma (Hrsg.): *Vernunft und Freiheit. Zur praktischen Philosophie von Julian Nida-Rümelin*, Berlin: De Gruyter 2012, S. 359–367. Der letzte Stand meiner Überlegungen dazu findet sich in den *Humanistischen Reflexionen*: »Warum mo-

ralische Objektivität und Naturalismus unvereinbar sind«,
S. 159–172.

7 John Searle: *Liberté et neurobiologie*, Paris 2004 (deutsch u. d. T.
Freiheit und Neurobiologie, erschienen bei Suhrkamp).

8 Dazu gehören als Prominentester der späte Wittgenstein,
aber auch Gilbert Ryle, John Austin, John Searle u. v. m.

9 In den ersten Jahren meiner philosophischen Arbeit fand ich
diese philosophische Sichtweise durchaus attraktiv, bis mir
klar wurde, dass die völlige Abkoppelung von Gründen und
Ursachen die Praxis des Gründe-Gebens und Gründe-Nehmens letztlich als bloße Beschreibungsform nimmt, die für
das, was passiert, wie wir handeln und was als Folge dessen
in der Welt geschieht, irrelevant ist. Wenn wir uns aber von
Gründen affizieren lassen, dann werden diese kausal wirksam, sie wirken ein auf das, was passiert.

10 Für die These, dass das Phänomen und der Begriff menschlicher Verantwortung erst mit der europäischen Aufklärung
auftaucht, vgl. z. B. Ludger Heidbrink: *Kritik der Verantwortung. Zu den Grenzen verantwortlichen Handelns in komplexen
Kontexten*, Weilerswist-Metternich: Velbrück Wissenschaft
2003.

11 Bis heute ist dieser Gegensatz zwischen portugiesischer
und spanischer Kolonisation in Südamerika spürbar.
Während die Spanier ihre Frauen und Familien mitbrach-
ten oder nachholten, neigten die Portugiesen dazu, ohne
Familienanhang in die Regionen des heutigen Brasiliens
aufzubrechen und sich dann zu einem hohen Prozentsatz
auf das Zusammenleben mit der indigenen und der als
Sklaven eingeführten schwarzen Bevölkerung einzulassen.
Die despotische Attitüde fiel den spanischen Kolonisatoren
daher leichter.

12 Dies ist die leitende Fragestellung einer interdisziplinären
Arbeitsgruppe *Internationale Gerechtigkeit und institutionelle
Verantwortung* der Berlin-Brandenburgischen Akademie der
Wissenschaften, eingerichtet unter meiner Leitung im Juli
2016.

13 Vgl. JNR: *Demokratie und Wahrheit*, München: C. H. Beck 2006
und *Die Optimierungsfalle*, München: btb 2015.

14 Von manchen wird diese Selbstverständlichkeit allerdings

bestritten, zum Beispiel besonders radikal von Mary Douglas: *How Institutions Think*, London 2012.

15 Eine überzeugende Analyse sozialer Tatsachen, die nicht dem sogenannten Konstruktivismus in den zeitgenössischen Kultur- und Sozialwissenschaften folgt, sondern realistisch ist, bietet John Searle: *The Construction of Social Reality*, New York 1997 (deutsch u. d. T. *Die Konstruktion der gesellschaftlichen Wirklichkeit*, erschienen bei Suhrkamp).

16 Vgl. JNR: *Die Optimierungsfalle*, Kapitel I.7.

III. Kommunitarismus versus Kosmopolitismus

1 John Rawls präsentiert die politische Essenz seiner Theorie, nun stärker politiktheoretisch, als philosophisch in seinem späten Werk *Political Liberalism*, New York 1993, in dem auch eine – implizite – Antwort auf die kommunitaristische Herausforderung gegeben wird. Die Entwicklung des Rawls'schen Denkens lässt sich in seinen *Collected Papers*, hrsg. von Samuel Freeman, Cambridge/MA 2001 nachlesen.

2 Michael Sandel: *Liberalism and the Limits of Justice*, Cambridge 1982.

3 Michael Walzer: *Spheres of Justice. A defense of pluralism and equality*, New York 1983 (deutsch u. d. T. *Sphären der Gerechtigkeit. Ein Plädoyer für Pluralität und Gleichheit*, erschienen beim Campus Verlag).

4 So gehört es unterdessen zur Normalbiografie der Studierenden, Auslandssemester einzubauen oder zwischen Schule und Studium Monate oder auch Jahre im Ausland zu verbringen. Dieses Phänomen ist nicht mehr auf die Oberschichten beschränkt. Erst recht gilt das für die Aussteiger und Arbeitsmigranten. Ortsfest sind hingegen ganz überwiegend die kleinbürgerlichen und traditionellen Arbeitermilieus.

5 Ulrich Beck: *Der kosmopolitische Blick*, Frankfurt a. M.: Suhrkamp 2004 sowie Ulrich Beck/Elisabeth Beck-Gernsheim: *Fernliebe. Lebensformen im globalen Zeitalter*, Frankfurt a. M.: Suhrkamp 2011.

6 Michael Walzer: *Just and Unjust Wars. A Moral Argument with Historical Illustrations*, New York 2015.

7 Alasdair MacIntyre: »Ist Patriotismus eine Tugend?«, in: Axel Honneth (Hrsg.): *Kommunitarismus. Eine Debatte über die moralischen Grundlagen moderner Gesellschaft*, Frankfurt a. M.: Suhrkamp 1995, S. 84–102.

8 David Miller: *On Nationality*, Oxford 1995.

9 Wolfgang Streeck: *Gekaufte Zeit. Die vertagte Krise des demokratischen Kapitalismus*, Frankfurt a. M.: Suhrkamp 2013.

10 Richard M. Hare: *Moral Thinking. Its Levels, Method, and Point* (deutsch u. d. T. *Moralisches Denken. Seine Ebenen, seine Methoden, sein Witz*).

11 Dieses Argument habe ich Hare entgegengehalten, dokumentiert in: »Kann der Erzengel die Konsequentialismus-Kritik entkräften?« in: Christoph Fehige / Georg Meggle (Hrsg.): *Zum Moralischen Denken*. Band 2, S. 43–53.

12 Immanuel Kant: *Grundlegung zur Metaphysik der Sitten*, 1785.

13 JNR: *Strukturelle Rationalität. Ein philosophischer Essay zur praktischen Vernunft*, Stuttgart: Reclam 2001.

IV. Internationale Gerechtigkeit: die globale Herausforderung

1 Thomas Nagel: »The Problem of Global Justice«, in: *Philosophy and Public Affairs* 33/2 (2005), S. 113–147.

2 2015 hatten 795 Millionen Menschen nicht genug zu essen, 98 % von ihnen lebten in Entwicklungsländern. (Vgl. Food and Agriculture Organization: *The State of Food Insecurity in the World 2015*, online verfügbar unter: http://www.fao.org/ hunger/en/ [Letzter Zugriff: 16.11.2016]). Allerdings wächst die weltweite Agrarproduktion schneller als die Bevölkerung. 2014 wurden 2,566 Milliarden Tonnen Getreide geerntet (vgl. Food and Agriculture Organization: *World Food Situation*, online verfügbar unter: http://www.fao.org/worldfoodsituation/csdb/en/ [Letzter Zugriff: 16.11.2016]), wovon nur 43 % des Getreides als Lebensmittel diente. (Vgl. Zukunftsstiftung Landwirtschaft [Hrsg.]: *Wege aus der Hungerkrise: Die Erkenntnisse und Folgen des Weltagrarberichts: Vorschläge für eine Landwirtschaft für morgen*, S. 4).

3 So sind z. B. die Preise für Mais von 2 $ pro Büschel (2002)

auf 8 $ pro Büschel (2012) gestiegen. Weizen erreichte 2012 mit 9 $ einen Höchststand und konnte einen Zuwachs von 3 $ in den letzten sieben Jahren verzeichnen. Seit 2013 fallen die Nahrungsmittelpreise insgesamt. (Vgl. Food and Agriculture Organization: *World Food Situation*, online verfügbar unter: http://www.fao.org/worldfoodsituation/csdb/en/ [Letzter Zugriff: 16.11.2016]). Interessant ist hier auch, dass in den LDCs (least developed countries) die durchschnittlichen Ausgaben für Nahrungsmittel bei 60 – 80 % des verfügbaren Einkommens liegen, während sie in den Industrieländern 10 – 20 % ausmachen. (Vgl.»Hunger ist kein Schicksal«, in: *Eine-Welt-Presse. Nord-Süd-Zeitung der Deutschen Gesellschaft für die Vereinten Nationen [DGVN] e.V.*, Nr. 1/2013, 30. Jahrgang, online verfügbar unter: http://de.wfp.org/welternaehrung [Letzter Zugriff: 16.11.2016]).

4   Vgl. die Kontroverse zwischen foodwatch (Thilo Bode) und der Finanzwirtschaft (Goldman Sachs).

5   2015 waren 11 % der Weltbevölkerung (795 Millionen Menschen) unterernährt, während 1990 bis 1992 noch 19 % unterernährt waren (1,011 Millionen Menschen) (vgl. WB: *World Development Indicators. Nutrition and Growth*, online verfügbar unter: http://wdi.worldbank.org/table/2.18 [Letzter Zugriff 29.09.2016]). 1990 hatte die Erde 5,3 Mrd., 2015 jedoch 7,3 Mrd. Bewohner, daher sank die Zahl der Unterernährten in 25 Jahren lediglich um 20 %. Unterernährt bedeutet, dass die Person ihren Minimum-Energiebedarf kontinuierlich nicht decken kann. Die Kindersterblichkeit von Kindern unter 5 Jahren fiel in den vergangenen 25 Jahren um 53 % von 91 Sterbefällen pro 1000 Lebendgeburten (1990) auf 43 pro 1000 (2015). (Vgl. UNICEF/WB/WHO/UN: *Levels and Trends in Child Mortality. Report 2015*, S. 1). Trotzdem sind 156 Millionen Kinder unter 5 Jahren Hunger und Umweltproblemen ausgesetzt (child stunting: Resultat chronischer Unterernährung und schlechter Umweltbedingungen); wovon 60 Millionen in Afrika und 59 Millionen in Südostasien leben. (Vgl. WHO: *World Health Statistics 2016. Monitoring Health for the SDGs*, S. 84). 2015 sind 36 % der Sterbefälle von Kindern unter

5 Jahren auf Unterernährung zurückzuführen, und 80 %
der Neugeborenen-Sterbefälle erklären sich aufgrund eines
zu geringen Geburtsgewichts. (Vgl. UNICEF / WB / WHO / UN:
Levels and Trends in Child Mortality. Report 2015, S. 8).

6 Meist können Kleinbauern gar nicht am regionalen Markt,
gar am globalen Markt, anbieten, da ihnen der Zugang
(Straßen etc.) fehlt. Es mangelt auch an Düngemitteln, um
ihre Produktion und ihre Erträge steigern zu können. Wenn
die Kleinbauern hier Unterstützung erhielten, könnten sie
von steigenden Lebensmittelpreisen profitieren. (Vgl. z. B.
Bundesministerium für wirtschaftliche Zusammenarbeit und
Entwicklung / Deutsche Gesellschaft für Internationale Zusammenarbeit: *Agricultural Development Policy. A Contemporary
Agenda*, 2015*)*.

7 Der MPI (Multidimensional Poverty Index) wurde 2011 an
der Universität Oxford von Sabina Alkire und James Foster
für das Entwicklungsprogramm der Vereinten Nationen
entwickelt und umfasst die Kategorien Bildung, Gesundheit
und Lebensstandard. Der HDI (Human Development Index)
ist ein Wohlstandsindikator für Staaten, dessen Entwicklung Amartya Sen 1990 anregte, weil er das vorherige
Kriterium für Wohlstand, das Bruttonationalprodukt, für
unzureichend hielt, da es die menschlichen Bedürfnisse
nicht hinreichend abbildete. Der HDI setzt sich aus dem
Lebensstandard, Bildungsindex, Lebenserwartungsindex
und einem Einkommensindex zusammen. (Vgl. UNDP:
Human Development Reports, online verfügbar unter: http://
hdr.undp.org/en/content/human-development-index-hdi
[Letzter Zugriff 29.09.2016]). Der Unterschied zwischen MPI
und HDI besteht darin, dass der MPI seine Daten durch
Haushaltsbefragungen erhält und daher absolute Zahlen
angegeben werden können. Der MPI dient auch zur Loka-
lisation und Differenzierung von Armut, d. h. wo welche
Form der Armut auftritt. (Vgl. UNDP: *Human Development
Reports*, online verfügbar unter: http://hdr.undp.org/en/
content/multidimensional-poverty-index-mpi [Letzter
Zugriff 29.09.2016]).

8 So entwickelte Thomas Pogge 1998 z. B. die globale Roh-
stoffdividende, um Armut abzuschaffen und zugleich einen

gerechten Ressourceneinsatz einzuführen. Eine Rohstoffsteuer von 1 % würde eine Dividende von 350 Mrd. US $ abwerfen. Mit Hilfe dieses Geldes könnte Armut weltweit abgeschafft werden (gemäß UNO-Definition: weniger als 1 US $ lokaler Kaufkraft / Tag). Siehe dazu »A Global Resources Dividend«, in: David A. Crocker / Toby Linden (Hrsg.): *Ethics of Consumption. The good life, justice, and global stewardship*, New York 1998. Die UN hat 2008 geschätzt, dass jährlich 30 Milliarden US-Dollar benötigt würden, um Hunger auszurotten. (Vgl. Food and Agriculture Organization: *The world only needs 30 billion dollars a year to eradicate the scourge of hunger*, online verfügbar unter: http://www.fao. org/NEWSROOM/en/news/2008/1000853/index.html [Letzter Zugriff 09.11.2016]).

9 Jährlich sterben fast eine Million Menschen an Malaria, 75 % von ihnen sind Kinder unter 5 Jahren. Schätzungen zeigen, dass jährlich durch Malaria etwa 12 Milliarden US-Dollar direkte Kosten entstehen. Die ökonomischen Verluste, die sich in geringeren Wachstumsraten des BIP niederschlagen, sind um ein Vielfaches höher. (Vgl. Center for Disease Control and Prevention: *Impact of Malaria*, online verfügbar unter: https://www.cdc.gov/malaria/malaria_worldwide/ impact.html (Letzter Zugriff 30.09.2016). Die ärmsten Länder können diese Summen nicht aufbringen, aber gerade die ärmsten Länder sind dem Malariaparasiten ausgeliefert. So sind 91 % der Todesfälle, die auf Malaria zurückzuführen sind, in Afrika zu lokalisieren (2010). Die WHO hat 2007 berechnet, dass für eine effektive Malariabekämpfung südlich der Sahara zusätzlich zu den jährlich etwa 200 Millionen Euro externer Finanzmittel noch weitere 2 Milliarden Euro pro Jahr benötigt werden. Diese Gelder sollten von den Industrieländern weitgehend über den vom UN-Generalsekretär Kofi Annan im Jahr 2000 initiierten »Global Fund to Fight HIV / AIDS, Tuberculosis and Malaria« bereitgestellt werden. (Vgl. Olaf Müller: »Im Kampf gegen die Malaria«, in: *forschung – Mitteilungen der DFG*, 01 / 2007). Bis heute hat die Bill-und-Melinda-Gates-Stiftung Fördergelder in Höhe von fast 2 Milliarden US-Dollar zur Bekämpfung von Malaria vergeben. Außerdem stellten sie dem Globalen Fonds zum

Kampf gegen AIDS, Tuberkulose und Malaria 1,6 Milliarden US-Dollar bereit. Dies entspricht ungefähr 50 Prozent der internationalen Finanzierung für die weltweite Malariakontrolle (vgl. Bill & Melinda Gates foundation: *Malaria Strategic Overview*, online verfügbar unter: http://www.gatesfoundation.org/en/What-We-Do/Global-Health/Malaria [Letzter Zugriff 30.09.2016]). Michael White et al. berechnen, dass »[t]he median financial cost of diagnosing a case of malaria was $ 4.32 (range $ 0.34 – $ 9.34). The median financial cost of treating an episode of uncomplicated malaria was $ 5.84 (range $ 2.36 – $ 23.65) and the median financial cost of treating an episode of severe malaria was $ 30.26 (range $ 15.64 – $ 137.87).« (»Costs and cost-effectiveness of malaria control interventions – a systematic review«, in: *Malaria Journal*, 33/10 [2011]).

10 Mehr als eine Milliarde Menschen haben keinen Zugang zu sauberem Wasser (vgl WHO: *Drinking-water. Fact sheet*, online verfügbar unter: http://www.who.int/mediacentre/factsheets/fs391/en/ [Letzter Zugriff 30.09.2016]). Um die MDGs zu erreichen bzw. einen universellen Zugang zu sauberem Trinkwasser zu ermöglichen, entstehen Kosten in Höhe von 30 Mrd. US $ bzw. 6 Mrd. US $ von 2010 bis 2015. 59 % der Kosten entstehen in städtischen Gebieten und in Gebieten in Subsahara-Afrika (hier v. a. der ländliche Raum), Südostasien, Westasien und Lateinamerika. Bezieht man den notwendigen Ausbau von Sanitärbereichen in die Betrachtung mit ein, betragen die Kosten von 2010 bis 2015 145 Mrd. US $, wobei die höchsten Ausgaben in Sub-Sahara-Afrika mit 53 Mrd. US $ anfallen werden. Siehe dazu Guy Hutton: *Global costs and benefits of drinking-water supply and sanitation interventions to reach the MDG target and universal coverage*, WHO Document Production Services, 2012, S. 6.

11 Die *Millennium Development Goals* sind die acht Entwicklungsziele, welche im Jahr 2000 von den Vereinten Nationen eingeführt wurden und die es bis 2015 zu erreichen galt. Alle 189 Nationen, die zu jenem Zeitpunkt Mitglieder der Vereinten Nationen waren, sowie 22 Institutionen verpflichteten sich, zur Erreichung dieser acht Ziele beizutragen: 1) Abschaffung von Hunger und extremer Armut, 2.) Sicher-

stellung einer Grundschulbildung, 3.) Gleichstellung der Geschlechter und Stärkung der Rollen von Frauen, 4.) Senkung der Kindersterblichkeit, 5.) Verbesserung der Gesundheitsversorgung der Mütter, 6.) Bekämpfung von HIV, Malaria und anderen schweren Krankheiten, 7.) Ökologische Nachhaltigkeit und 8.) Entwicklung einer globalen Partnerschaft für Entwicklung (vgl. UN: *Millennium Development Goals And Beyond 2015*, online verfügbar unter: http://www.un.org/ millenniumgoals/ [Letzter Zugriff 04.10.2016]). Im September 2015 wurden die MDG auf dem *Weltgipfel für nachhaltige Entwicklung 2015* von den 193 aktuellen Mitgliedsstaaten der UN durch die 17 *Sustainable Development Goals* ersetzt. Nach diesen soll nun bis 2030 weltweit Armut und Hunger verschwunden sein. (Vgl. UN: *Sustainable Development Goals*, online verfügbar unter: http://www.un.org/sustainabledevelopment/sustainable-development-goals/ [Letzter Zugriff 03.11.2016]).

12 Zur methodischen Kritik an den MDGs siehe Sanjay Reddy / Thomas Pogge: »How *Not* To Count The Poor«, 2003, online verfügbar unter: http://citeseerx.ist.psu.edu/viewdoc/down load?doi=10.1.1.360.8694&rep=rep1&type=pdf und Thomas Pogge: »The First UN Millennium Development Goal: A Cause for Celebration?«, in: *Oslo Lecture on Moral Philosophy*, 2003, online verfügbar unter: http://ilo.org/wcmsp5/groups/public/ —dgreports/—stat/documents/publication/wcms_087882.pdf (Letzter Zugriff 04.10.2016); Gabriele Koehler / Thomas Pogge: »Introduction«, in: Alberto Cimadamore / Gabriele Koehler / Thomas Pogge (Hrsg.): *Poverty and the Millennium Development Goals. A Critical Look Forward*, Chicago 2015, S. 3–25. Sowie das Interview von Sacha Batthyany mit Thomas Pogge im *Tagesanzeiger*: »Das tägliche Sterben hält an« vom 25.09.2015, online verfügbar unter: http://www.tagesanzeiger.ch/ausland/ das-taegliche-sterben-haelt-an/story/16782648 (Letzter Zugriff 04.10.2016).

13 2015 hatten 513 Individuen in den USA ein Privatvermögen von mehr als einer Milliarde US$. *Credit Suisse Global Wealth Databook* 2015, S. 112. (Vgl. Credit Suisse: *Global Wealth Databook 2015*, online verfügbar unter: http:// publications.credit-suisse.com/tasks/render/file/index.

cfm?fileid=C26E3824-E868-56E0-CCA04D4BB9B9ADD5 [Letzter Zugriff 04.10.2016]).

14 In den USA konnten die reichsten 1 % ihren Einkommensanteil am Nationaleinkommen zwischen 1980 und 2014 verdoppeln. (Vgl. OXFAM: *Working for the Few. Political capture and economic inequality*, online verfügbar unter: https://www.oxfam.de/system/files/bp-working-for-few-political-capture-economic-inequality-200114-en-oxfam.pdf [Letzter Zugriff 04.10.2016]).

15 Schätzungen zufolge verfügen 1 % der Weltbevölkerung über die Hälfte des Weltvermögens, ca. 110 Billionen US $. Das ist 65-mal so viel wie das der unteren Hälfte der Weltbevölkerung. Siehe dazu Era Dabla-Norris et al.: *Causes and Consequences of Income Inequality: A Global Perspective*, IMF Staff Discussion Notes, SDN 15/13, 2015, S. 15.

16 Grundsätzlich wäre es möglich, dass die Ungleichheiten in allen Staaten deutlich zunehmen, ohne dass die Ungleichheit der Weltgesellschaft zunimmt. Das könnte sogar mit einer Abnahme einhergehen, je nachdem, welche Länder welchen Zuwachs zu verzeichnen haben. Wenn die inneren Ungleichheiten zunehmen, aber die ärmeren und ärmsten Länder die stärksten Einkommens- und Vermögensgewinne zu verzeichnen haben, dann kann die Ungleichheit der Weltgesellschaft zurückgehen, obwohl die innerstaatlichen Ungleichheiten zunehmen.

17 In Deutschland ist die Vermögensungleichheit besonders hoch, vor allem dann, wenn man die Rentenansprüche nicht in die individuellen Vermögen einrechnet, wie das gegenwärtig praktiziert wird, während die Einkommensungleichheiten seit dem Wirksamwerden der Agenda-Reformen 2005 nicht mehr zugenommen haben (gemessen am Gini-Koeffizienten), gegen den internationalen Trend in den ökonomisch entwickelten Ländern, und vergleichsweise moderat ausfallen. Nur die skandinavischen Länder und Kanada verzeichnen noch niedrigere Werte der Einkommensungleichheit. (Vgl. OECD: *Income Distribution and Poverty*, online verfügbar unter: http://stats.oecd.org/Index.aspx?DataSetCode=IDD [Letzter Zugriff 04.10.2016]). Für Deutschland berechnet die OECD einen Wealth-inequality-

Index von 3,55, das ist das Verhältnis von Medianeinkommen zum Durchschnittseinkommen: Wenn dieser größer als eins ist, heißt das, dass das Durchschnittseinkommen größer ist als das Medianeinkommen, was bedeutet, dass wenige Haushalte über ein hohes Vermögen und viele Haushalte über wenig Vermögen verfügen. Die DIW berechnet einen Gini-Koeffizienten von 0,78 für die Vermögensungleichheit in Deutschland. Siehe dazu Markus Grabka et al.: »Vermögensverteilung«, in: *DIW Wochenbericht*, 9/2014, S. 156. Zugleich bewirken die progressiven Steuersätze eine recht deutliche Umverteilung zur Arbeitnehmerschaft, sodass Deutschland bei den Sekundäreinkommen zu den Ländern mit einer vergleichsweise moderaten Einkommensspreizung und hoher sozialer Mobilität gehört (vgl. Great-Gatsby-Curve).

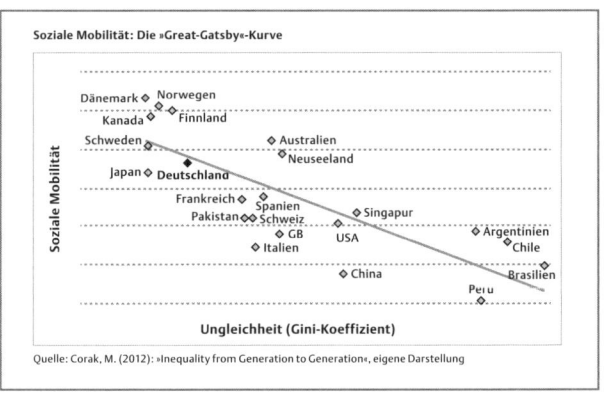

Quelle: Corak, M. (2012): »Inequality from Generation to Generation«, eigene Darstellung

18 Hierzu auch Federico Cingano: »Trends in Income Inequality and its Impact on Economic Growth«, *OECD Social, Employment and Migration Working Papers*, No. 163, OECD Publishing 2014, online verfügbar unter: http://dx.doi.org/10.1787/5jxrjncwxv6j-en (Letzter Zugriff 04.10.2016).
19 Vgl. Brian Barry: *Theories of Justice*, Berkeley 1989, Charles Beitz: *Political Theory and International Relations*, Princeton 1999 und Thomas Pogge: *Realizing Rawls*, Ithaca 1989.
20 John Rawls: *The Law of Peoples*, Cambridge/MA 1999.

V. Ethische Aspekte der Armutsmigration

1 Zwischen 2014 und 2015 sind 5 093 000 Personen innerhalb der USA umgezogen und haben mindestens eine Bundesstaatsgrenze überquert, während nur 1 673 000 aus den USA ins Ausland zogen. So haben 1,6 % der US-amerikanischen Bevölkerung ihren Wohnort in einen anderen Bundesstaat verlegt. (Vgl. United States Census Bureau: *Geographical Mobility. 2014 – 2015,* online verfügbar unter: http://www.census. gov/data/tables/2015/demo/geographic-mobility/cps-2015.html [Letzter Zugriff 05.10.2016]).

2 1,2 Milliarden Menschen leben von weniger als 1,25 US $ am Tag. Mehr als 1,5 Milliarden Menschen leben in mehrdimensionaler Armut. Vgl. UNDP und Deutsche Gesellschaft für die Vereinten Nationen, *Der Bericht über die menschliche Entwicklung 2014,* S. 88.

3 So kostet eine Flucht von Ägypten nach Italien über das Mittelmeer ca. 9000 US $. Siehe dazu Gehlen, M.: »9300 Dollar für eine lebensgefährliche Überfahrt«, in: *Zeit Online* vom 16.10.2013, online verfügbar unter: http://www.zeit.de/politik/ ausland/2013-10/fluechtlinge-mittelmeer-syrien-eritrea (Letzter Zugriff 08.11.2016).

4 Südlich der Sahara suchen 4,4 Millionen Menschen jenseits ihrer eigenen Landesgrenzen Zuflucht, mehr als 730 000 allein in Äthiopien. Zudem flüchten in der Region knapp 12 Millionen Menschen als Binnenvertriebene im eigenen Land. Neun von zehn Flüchtlingen suchen Zuflucht in Entwicklungsländern, d. h., 86 % der Geflüchteten befanden sich 2015 in wirtschaftlich weniger entwickelten Ländern. Vgl. Brot für die Welt: *Menschen auf der Flucht. Zahlen und Fakten,* online verfügbar unter: http://info.brot-fuer-die-welt. de/blog/menschen-auf-flucht-zahlen-fakten (Letzter Zugriff 05.10.2016).

5 Vgl. Wolf Krug / Marlene Barnard: *Flucht und Migration in Afrika. Ursachen, Umfang und Herausforderungen,* AMEZ Argumente und Materialien der Entwicklungszusammenarbeit, Hanns-Seidel-Stiftung 2016.

6 Das Hukou-System ist ein System, welches der Wohnsitzkontrolle sowie der Ressourcenallokation und -verteilung durch

den Staat dient. Seit Deng Xiaoping 1982 Reformen einleite-
te, wurde es manchen Bürgern möglich, inoffiziell umzuziehen. (Vgl. Bundeszentrale für politische Bildung: *Hintergrund
und Problemaufriss: Stadt-Land-Gefälle und Meldesystem [hukou]*,
online verfügbar unter: http://www.bpb.de/gesellschaft/
migration/kurzdossiers/151283/stadt-land-gefaelle-und-
meldesystem [Letzter Zugriff 04.10.2016]).

7 Personen mit Migrationshintergrund leiden fast doppelt so
häufig an einer psychischen Erkrankung wie Einheimische.
Gründe seien vor allem Einsamkeit, Heimweh, Sprachpro-
bleme, Arbeitslosigkeit, schlechte Bildung und Wohnver-
hältnisse. Vgl. Maryam Schouler-Ocak: *Die Versorgung von
Patienten mit Migrationshintergrund im psychiatrisch-psychotherapeutischen Gesundheitssystem*, Dissertation, Freie Universität
Berlin 2011, S. 11ff. und Hanno Charisius:»Flucht macht
krank«, in: *Süddeutsche Zeitung* vom 17.03.2016.

8 2010 waren 647000 Nordafrikaner offiziell registriert,
337000 West- und Südafrikaner. Das sind 16% der italienischen Bevölkerung (siehe dazu: http://demo.istat.it/
str2010/index.html [Letzter Zugriff 06.10.2016]). Integrations-
bemühungen sind nahezu nicht vorhanden. Zwar dürfen
Asylsuchende in Italien nach zwei Monaten arbeiten, de facto
findet aber kaum ein Asylbewerber eine legale Beschäftigung. Die einzigen Sprach- und Qualifizierungsmaßnahmen
werden von den Trägern einzelner Flüchtlingsunterkünfte
organisiert; es gibt keine zentrale Integrationsstelle und
aufgrund der Vielzahl verschiedener Träger kein einheitli-
ches System. Kinder und Jugendliche bis 16 Jahre müssen
die Schule besuchen. Da es nach Angaben des Europäischen
Flüchtlingsrats (ECRE) keine Aufsicht über die Umsetzung
dieser Regel gibt, hängt der Zugang von Flüchtlingskindern
zum Schulsystem sehr stark von den lokalen Schulen ab.
Auch hier werden die Sprach- und Vorbereitungskurse
dezentral organisiert. (Vgl. Asylum Information Database
[AIDA], *Country Report: Italy 2015*, S. 82ff.). Mitte August 2015
kritisierte der Generalsekretär der italienischen Bischofs-
konferenz, Nunzio Galantino, die italienische Regierung
hinsichtlich ihrer Flüchtlingspolitik. Er betonte die fehlende
»positive« Integration und die verzerrte Wahrnehmung der

Bevölkerung (vgl. *La Stampa*, Migranti, ora la Cei critica il governo:»Non pensa all'integrazione« vom 12.08.2015, online verfügbar unter: http://www.lastampa.it/2015/08/12/vatican-insider/ita/vaticano/migranti-ora-la-cei-critica-il-governo-non-pensa-allintegrazione-lSsKIlVVUBBTB54a4BYqbO/pagina.html [Letzter Zugriff 06.10.2016]). Aber es gibt vereinzelt auch Vorbilder in den Integrationsvorhaben, so zum Beispiel die Dörfer Sutera, in Sizilien, und Riace, in Kalabrien. Die Dörfer heißen Flüchtlinge willkommen und können so ihre Dörfer vor dem Untergang bewahren. (Vgl. Jörg Bremer.: »Warum Sizilien ein Vorbild für Deutschland ist«, in: *Frankfurter Allgemeine Zeitung* vom 01.04.2016, online verfügbar unter: http://www.faz.net/aktuell/politik/ausland/europa/integration-von-fluechtlingen-auf-sizilien-14152157.html und *Zeit Online*: »Die neuen Bürger von Riace« vom 02.03.2014, online verfügbar unter: http://www.zeit.de/gesellschaft/2014-02/fs-immigranten-riace [Beide letzter Zugriff 06.10.2016]).

9 2014 waren 58,2 % der über 50 000 Obdachlosen in Italien Immigranten; erfasst werden jedoch nur diejenigen, die mindestens einmal eine Einrichtung aufsuchen. Istat Ministero del Lavoro e delle Politiche Sociali: *Le persone senza dimora*, 2014 (siehe dazu: http://www.west-info.eu/it/quanti-sono-gli-homeless-in-italia/istat-ministero-del-lavoro-e-delle-politiche-sociali-fio-psd-e-caritas-italiana-le-persone-senza-dimora-anno-2014-2/ [Letzter Zugriff 06.10.2016]).

10 Die Bundesregierung geht von 2015 bis 2020 mit einem Zuzug von 3,6 Millionen Flüchtlingen aus (vgl. Markus Dettmer / Christian Reiermann: »Jetzt klotzen!«, in: *Der Spiegel* Nr. 9/2016 vom 27.02.2016). Die Nettozuwanderung wird für 2015 auf 60 – 70 % der 1,1 Millionen erfassten Personen geschätzt. 30 – 40 % der Immigranten würden demnach wieder weiterziehen (vgl. IAB: *Zuwanderungsmonitor*, Januar 2016). Da man selbst für 2015 noch nichts Genaueres sagen kann, bleiben Prognosen über Migrationsströme sehr vage. Aufgrund dessen variieren auch die Schätzungen zu den staatlichen Mehrausgaben in Deutschland stark, zwischen 10 Mrd. und 55 Mrd. Euro pro Jahr. So berechnet das ifw Kiel für das Basisszenario Ausgaben in Höhe von 25 Mrd. und für das »größte« Szenario 55 Mrd. Euro (vgl. dazu https://www.

ifw-kiel.de/medien/medieninformationen/2015/simulation-von-fluchtlingskosten-bis-2022-langfristig-bis-zu-55-mrd-20ac-jahrlich [Letzter Zugriff 07.10.2016]). Die Deutsche Bundesbank berechnet die Ausgaben für 2015 mit 0,5 % des BIP und prognostiziert dasselbe Niveau für die kommenden Jahre (rund 15 Mrd./Jahr) (vgl. dazu den Deutschen Bundesbank Monatsbericht, Juni 2016). Die Stiftung Marktwirtschaft in Zusammenarbeit mit dem Forschungszentrum Generationen-verträge berechnet für die Jahre 2016, 2017, 2018 Ausgaben in Höhe von 17 Mrd. Euro (vgl. http://www.stiftung-markt-wirtschaft.de/wirtschaft/themen/generationenbilanz.html [Letzter Zugriff 07.10.2016]). Den Kosten stehen auch Erträge gegenüber, die durch die Zuwanderung entstehen können, je nachdem, wie gut der Integrationsprozess in den Arbeits-markt gelingen wird. So schätzt das IWF, dass Deutschlands Wirtschaft aufgrund der Flüchtlingsbewegung im Jahr 2020 zwischen 0,5 und 1,1 % zusätzlich wachsen kann. Die zusätzlichen Staatsausgaben sollen das Wirtschaftswachstum in den kommenden Jahren um 0,3 % erhöhen. (Vgl. Markus Dettmer/Christian Reiermann: »Jetzt klotzen!«, in: *Der Spiegel,* Nr. 9/2016 vom 27.02.2016). Das DIW kommt auch zu dem Ergebnis, dass langfristig die positiven Effekte überwie-gen (vgl. Marcel Fratzscher/Simon Junker: »Integration von Flüchtlingen: eine langfristig lohnende Investition«, in: *DIW Wochenbericht,* Nr. 45, 2015, S. 1083–1088). Ein in meinen Au-gen abwegiges Argument, da die Staatsausgaben, jedenfalls per Saldo von Ausgaben und Einnahmen, konstant gehalten werden müssen, will man nicht die Integrationskosten über zusätzliche Schulden finanzieren. Aufgrund der steigenden Flüchtlingszahlen und der damit zusammenhängenden steigenden Ausgaben hat die EU-Kommission im Mai 2016 Vorschläge zur Änderung des Dublin-Systems vorgestellt, u. a. soll ein Prinzip Anwendung finden, welches die Allokation von Zuwanderung in die EU fairer gestalten soll. Jeder neu zugereiste Flüchtling in einem Land, in welchem sich bereits verhältnismäßig viele Asylantragsteller befinden (wenn 150 % des Referenzwerts überschritten sind), wird einem anderen EU-Land zugeordnet. Länder können sich zeitweise dem Reallokationsmechanismus entziehen, wenn sie das aufnehmende Land mit 250 000 Euro pro nicht aufgenommenem Flüchtling entschädigen. Auf diese durchschnittlichen Integrationskosten pro Immigrant scheint man sich in der EU verständigt zu haben. (Vgl. European Commission: *Towards a sustainable and fair Common European Asylum System*, online verfügbar unter: http://europa.eu/rapid/press-release_ IP-16-1620_en.htm [Letzter Zugriff 07.10.2016]). Ich weiß sehr wohl, dass dieses Argument der Integrationskosten auch von chauvinistischen Eiferern vorgebracht wird. Sachlich zutreffende Feststellungen dürfen aber nicht deswegen tabuisiert werden, weil sie von der falschen Seite instrumentalisiert werden. Dies ist Grundbedingung eines rationalen Diskurses.

11 Die IOM (Internationale Organisation für Migration) berechnet für 2015, dass 66 % der Flüchtlinge weltweit, in der EU zuletzt 75 % männlich sind. Unter den unbegleiteten Minderjährigen sind 90 % männlich (vgl. International Office For Migration: *Mediterranean Western Balkans Update. New Numbers from Italy, Greece, the FYROM,* online verfügbar unter: https://www.iom.int/news/mediterranean-western-balkans-update-new-numbers-italy-greece-fyrom [Letzter Zugriff 07.10.2016]).

12 Die Bundesagentur für Arbeit weist für Juli 2016 eine Arbeitslosenquote für Staatsangehörige aus den Asylherkunftsländern mit 52,6 % aus (vgl. Bundesagentur für Arbeit: *Auswirkungen der Migration auf den Arbeitsmarkt*, 2016, S. 2 und S. 15, online verfügbar unter: https://statistik.arbeitsagentur. de/Statischer-Content/Statistische-Analysen/Statistische-Sonderberichte/Generische-Publikationen/Auswirkungen-der-Migration-auf-den-Arbeitsmarkt.pdf [Letzter Zugriff 07.10.2016]).

13 Besonders tragisch ist die Auswanderung qualifizierter Personen, die dann im aufnehmenden Land keiner oder nur einer ihren Qualifikationen nicht entsprechenden Arbeit nachgehen können (sogenannter *Brain Waste*). Vgl. Wolf Krug / Marlene Barnard: *Flucht und Migration in Afrika. Ursachen, Umfang und Herausforderungen*, AMEZ Argumente und Materialien der Entwicklungszusammenarbeit, Hanns-Seidel-Stiftung 2016.

14 Personen mit Migrationshintergrund leiden fast doppelt so häufig an einer psychischen Erkrankung wie Einheimische.

Gründe seien vor allem Einsamkeit, Heimweh, Sprachproble-
me, Arbeitslosigkeit, schlechte Bildung und Wohnverhältnis-
se. Vgl. Maryam Schouler-Ocak: *Die Versorgung von Patienten
mit Migrationshintergrund im psychiatrisch-psychotherapeutischen
Gesundheitssystem*, S. 11 ff. und Hanno Charisius: »Flucht
macht krank«, in: *Süddeutsche Zeitung* vom 17.03.2016.

15 Für den Staatshaushalt 2017 hat die Bundesregierung ihren
Etat für Entwicklungszusammenarbeit um 580 Millionen
auf 8 Milliarden Euro erhöht. Dennoch ist das Ziel, 0,7 % des
Staatshaushaltes für die Entwicklungsarbeit aufzubringen,
nicht erreicht. (Vgl. Deutscher Bundestag: *580 Millionen Euro
mehr für den Entwicklungsetat*, online verfügbar unter: https://
www.bundestag.de/dokumente/textarchiv/2016/kw36-de-
wirtschaftliche-zusammenarbeit/438554 [Letzter Zugriff
08.10.2016]).

16 Der sogenannte EU-Türkei-Deal vom 18.03.2016 sieht u.a.
eine Auszahlung von 3 Milliarden Euro für Projekte in der
Türkei sowie bei Rücknahme eines über die Türkei nach Europa eingereisten Flüchtlings die Aufnahme eines Syrers aus
der Türkei vor. (Vgl. Europäischer Rat: *Erklärung EU-Türkei.
18. März 2016*, online verfügbar unter: http://www.consilium.
europa.eu/de/press/press-releases/2016/03/18-eu-turkey-state-
ment/ [Letzter Zugriff 08.10.2016]).

17 Vgl. International Office For Migration: *Mediterranean
Western Balkans Update – New Numbers from Italy, Greece, the
FYROM*, online verfügbar unter: https://www.iom.int/news/
mediterranean-western-balkans-update-new-numbers-italy-
greece-fyrom (Letzter Zugriff 07.10.2016).

18 In dieser Gruppe waren bis 2015 europaweit sogar drei
Viertel männlich. Vgl. eurostat: Statistics Explained, *Asylum
statistics*, online verfügbar unter: http://ec.europa.eu/eurostat/
statistics-explained/index.php/Asylum_statistics#Source_
data_for_tables_and_figures_.28MS_Excel.29 (Letzter Zugriff
08.10.2016). Laut UNHCR ist weltweit jeder zweite Flüchtling
weiblich, dazu zählen jedoch auch sogenannte Binnenflücht-
linge, die ihr Heimatland zunächst nicht verlassen. (Vgl. dazu
http://www.spiegel.de/kultur/gesellschaft/fluechtlinge-war-
um-vor-allem-maenner-nach-deutschland-kommen-a-1051755.
html [Letzter Zugriff: 16.11.2016]).

19 Vgl. Wolf Krug/Marlene Barnard: *Flucht und Migration in Afrika. Ursachen, Umfang und Herausforderungen*, AMEZ Argumente und Materialien der Entwicklungszusammenarbeit, Hanns-Seidel-Stiftung 2016 sowie Ralph Wrobel: »Der deutsche Arbeitsmarkt zwischen Fachkräftemangel und Immigration: Ordnungspolitische Perspektiven in der Flüchtlingskrise«, Diskurs 2016 – 1, *Ordnungspolitische Diskurse – Discourses in Social Market Economy,* Zwickau.

20 Vgl. Peter Maxwill: »Warum vor allem Männer nach Deutschland kommen?«, in: *Spiegel online* vom 09.09.2015, online verfügbar unter: http://www.spiegel.de/kultur/gesellschaft/ fluechtlinge-warum-vor-allem-maenner-nach-deutschlandkommen-a-1051755.html (Letzter Zugriff 24.10.2016) und Markus Schulte von Drach: »Warum vor allem Männer Asyl suchen«, in: *Süddeutsche Zeitung Online* vom 27.07.2015, online verfügbar unter: http://www.sueddeutsche.de/politik/ fluechtlinge-in-europa-warum-vor-allem-maenner-asylsuchen-1.2584201 (Letzter Zugriff 24.10.2016).

21 Heike Rabe: *Effektiver Schutz vor geschlechtsspezifischer Gewalt – auch in Flüchtlingsunterkünften*, Deutsches Institut für Menschenrechte, Berlin 2016.

22 Vgl. Aderanti Adepoju: »*Changing Configurations of Migration in Africa*«, Migration Policy Institute 2004.

23 Nach einem ähnlichen Muster des Aufmerksamkeitsdefizits kam es 1994 zum Völkermord in Ruanda. Es gab genug Warnungen vor der sich abzeichnenden Entwicklung. Die Weltgemeinschaft in Gestalt der Vereinten Nationen reagierte aber lange nicht und dann ganz unzureichend auf das sich abzeichnende Desaster, obwohl es mit relativ bescheidenen Mitteln möglich gewesen wäre, dies zu verhindern. Ruanda ist ebenso wenig auf dem Schirm der westlichen Medienöffentlichkeit wie die globale *Bottom Billion*.

24 Diesen Streit hat es in Italien vor einigen Jahren tatsächlich gegeben, als es um den Umfang der Rettungseinsätze des sogenannten *Mare Nostrum* ging. Der Rechtsableger der italienischen Politik, die Lega Nord, argumentierte, dass die Rettung der in Seenot geratenen Flüchtlinge nur weitere anziehen würde. Auch wenn dies zutrifft, wäre es eine schwere ethische Pflichtverletzung, die Rettung von Flüchtlingen auf

dem Mittelmeer zu unterlassen. Das kosmopolitische Gebot der Priorisierung der Bedürfnisse der Ärmsten der Welt *(Bottom Billion)* darf nicht in Gestalt unterlassener Hilfeleistung gegenüber denjenigen realisiert werden, die in der Regel nicht zur *Bottom Billion* gehören, aber hilfsbedürftig sind.

25 Vgl. Christian Schubert et al.: »Möglicher Brexit. Eine Brücke für Cameron«, in: *Frankfurter Allgemeine Zeitung* vom 19.01.2016, online verfügbar unter: http://www.faz.net/ aktuell/wirtschaft/wirtschaftspolitik/brexit-sozialleistungen-fuer-eu-auslaender-strittig-14023406.html (Letzter Zugriff 10.10.2016).

26 »Elend« steht hier für eine Vielzahl von Entbehrungen, vom Trinkwasser über den täglichen Kalorienbedarf, Eiweißbedarf etc. bis zu sozialer und kultureller Ausgrenzung.

VI. Ethische Aspekte der Kriegs- und Bürgerkriegsmigration

1 Middle East and North Africa

2 Am 14.06.1985 unterzeichneten Deutschland, Belgien, Frankreich, Luxemburg und die Niederlande das Schengener Abkommen, welches einen schrittweisen Abbau der Binnengrenzen vorsah. Am 19.06.1990 wurde das Übereinkommen zur Durchführung des Schengener Abkommens unterzeichnet. Regelungsgegenstand des Abkommens sind Ausgleichsmaßnahmen, die infolge der Abschaffung der Binnengrenzkontrollen einen einheitlichen Raum der Sicherheit und des Rechts gewährleisten sollen. Hierbei handelt es sich auch um Asylfragen und die Vereinheitlichung von Einreisebestimmungen (vgl. Auswärtiges Amt: *Schenger Übereinkommen,* online verfügbar unter: http://www.auswaertiges-amt. de/DE/EinreiseUndAufenthalt/Schengen_node.html [Letzter Zugriff 21.10.2016]). Das sogenannte *Dublin-Verfahren* regelt, dass Asylbewerber in dem Land registriert werden, in dem sie die Europäische Union betreten. In dem Verfahren wird der Staat festgestellt, der für den Asylantrag zuständig ist. Stellt sich dabei heraus, dass der Asylantrag in einem anderen Mitgliedsstaat zu bearbeiten ist, ergeht ein Über-

nahme- oder Wiederaufnahmeersuchen an den betreffenden Mitgliedsstaat. Rechtsgrundlage des Verfahrens ist nunmehr die Dublin-III-Verordnung (vgl. Die Bundesregierung: *Europäische Flüchtlingspolitik. Dublin-Abkommen gilt für alle EU-Staaten*, https://www.bundesregierung.de/Content/DE/ Artikel/2015/09/2015-09-02-fluechtlinge-dublin-verfahren. html [Letzter Zugriff 21.10.2016]). Vgl. Reingard Müller: »Udo di Fabio liefert Seehofer weitere Munition gegen Merkel«, in: *Frankfurter Allgemeine Zeitung* vom 13.01.2016; Michael Stürzenhofecker: »Die deutsche Dublin-Irritation«, in: *Zeit Online* vom 01.09.2015, online verfügbar unter: http://www. zeit.de/politik/ausland/2015-09/dublin-verordnung-asylbewerber-europa (Letzter Zugriff 21.10.2016) sowie Christoph Seils: »Hat Angela Merkel Recht gebrochen?«, in: *Cicero* vom 27.01.2016, online verfügbar unter: http://www.cicero.de/ berliner-republik/recht-statt-politik-zehn-fragen-zur-fluechtlingskrise/60424 (Letzter Zugriff 21.10.2016).

3 Von den zugesagten 1,8 Milliarden Euro für den Nothilfe-Treuhandfonds für Afrika zur Bekämpfung von Fluchtursachen wurden nur 24,3 Millionen Euro, also 7,3 %, überwiesen, 8,9 Millionen Euro davon von den Nicht-EU-Ländern Norwegen und Schweiz. Deutschland hatte 2015 für die Treuhandfonds für Afrika keine Mittel zugesagt. (Vgl. Christoph Schiltz: »EU verspricht Geld für Flüchtlinge – und zahlt nicht«, in: *Die Welt Online* vom 14.10.2015, online verfügbar unter: https://www.welt.de/politik/ausland/article147565321/ EU-verspricht-Geld-fuer-Fluechtlinge-und-zahlt-nicht.html [Letzter Zugriff 09.11.2016]). Laut UNHCR gehören auch die gekürzten Ausgaben – d. h., die notwendigen 4,5 Milliarden Euro werden nicht erreicht – für Flüchtlingslager in Libanon, Jordanien und die Türkei zu den Ursachen für die Flüchtlingskrise. (Vgl. Andrea Dernbach: »Syriens reiche Nachbarn zahlen kaum für Flüchtlinge«, in: *Der Tagesspiegel* vom 18.09.2015).

4 Idomeni ist ein griechisches Dorf an der Grenze zu Mazedonien. Viele Flüchtlinge versuchten ab 2014 über Griechenland, weiter über eine der Balkanrouten in den Schengen-Raum zu gelangen. Ab dem 22. Februar 2016 wurden nur noch Flüchtlinge aus Syrien und Irak über die Grenze

gelassen, mit einer Obergrenze von 580 Personen pro Tag. Dies hatte einen Rückstau zur Folge. Mehr als 8000 Menschen blieben in dem Auffanglager von Idomeni hängen, welches ursprünglich für 1500 Personen ausgerichtet war. Im Mai 2016 wurde das Lager geräumt. (Vgl. »Tausende Flüchtlinge stranden an mazedonischer Grenze«, in: *Frankfurter Allgemeine Zeitung* vom 22.02.2016, online verfügbar unter: http://www.faz.net/aktuell/politik/fluechtlinge-stranden-an-mazedonischer-grenze-zu-griechenland-14084133.html [Letzter Zugriff 12.10.2016] und Lenz Jacobsen: »Jeder Zweite ist abgetaucht«, in: *Zeit Online* vom 25.05.2016, online verfügbar unter: http://www.zeit.de/gesellschaft/zeitgeschehen/2016-05/idomeni-fluechtlinge-militaerlager-griechenland [Letzter Zugriff 12.10.2016]).

5 Weltweit waren 2015 65,3 Millionen Menschen auf der Flucht, 50 % von ihnen sind Kinder. 98 400 unbegleitete Minderjährige stellten Asylanträge. 40,8 % der Flüchtlinge sind in ihrem Land auf der Flucht. 21,3 Millionen Menschen sind anerkannte Flüchtlinge, Menschen, denen gemäß internationaler Abkommen Schutz gewährt wurde. Die Türkei hat 2015 2,5 Millionen Flüchtlinge aufgenommen (vgl. UNO-Flüchtlingshilfe: *Zahlen & Fakten*, https://www.uno-fluechtlingshilfe.de/fluechtlinge/zahlen-fakten.html [Letzter Zugriff 12.10.2016]). Im Libanon fanden – je nach Schätzung – 1,1 bis 2 Millionen Menschen aus dem Nachbarland Zuflucht. (Vgl. auch Carsten Luther / Bar Elias: »Wir werden niemals akzeptieren, dass sie für immer bleiben«, in: *Die Zeit* vom 28.07.2016, online verfügbar unter: http://www.zeit.de/politik/ausland/2016-07/libanon-fluechtlinge-syrien-bekaa [Letzter Zugriff: 16.11.2016]). In Jordanien leben knapp 1,3 Millionen Syrer. 640 000 von ihnen sind als Flüchtlinge von den Vereinten Nationen registriert worden. (Vgl. Julian Staib: »Lieber in einem Boot sterben als an Hunger«, in: *Frankfurter Allgemeine Zeitung* vom 13.04.2016, Nr. 86, S. 3).

6 Die *Welt Online* berichtet, dass sich laut Auswertungen der Grenzschutzagentur Frontex, die 173 042 Migranten überprüfte, 14,2 % fälschlicherweise als Syrer ausgaben. 40 % von ihnen seien Marokkaner gewesen. (Vgl. Manuel Bewarder / Marcel Leubecher: »Syrische Staatsbürgerschaft wird mas-

senhaft vorgetäuscht« vom 23.06.2016 in: *Die Welt*, online verfügbar unter: https://www.welt.de/politik/deutschland/article156496638/Syrische-Staatsbuergerschaft-wird-massenhaft-vorgetaeuscht.html [Letzter Zugriff 24.10.2016] und Peter Dausend:»Gefälschte Papiere«, in: *Die Zeit* vom 17.09.2015, Nr. 8/2015).

7 Die Genfer Flüchtlingskonvention (GFK) wurde am 28. Juli 1951 verabschiedet. Sie stellt fest, wer ein Flüchtling ist, welchen rechtlichen Schutz, welche Hilfe und welche sozialen Rechte sie oder er von den Unterzeichnerstaaten erhalten sollte. Zugleich definiert die Konvention auch diejenigen Pflichten, die ein Flüchtling dem Gastland gegenüber erfüllen muss, und schließt bestimmte Gruppen – wie z. B. Kriegsverbrecher – vom Flüchtlingsstatus aus. (Vgl. dazu UNHCR: *Genfer Flüchtlingskonvention*, http://www.unhcr.de/mandat/genfer-fluechtlingskonvention.html [Letzter Zugriff 21.10.2016]).

8 Auch wenn die Rückzahlungen 2015 laut Weltbank einen Rekord von 601 Milliarden US $ weltweit erreichten, wovon 441 Milliarden US $ an Entwicklungsländer gingen (das ist dreimal so viel wie das Weltbudget für Entwicklungshilfe), überwiegen nicht immer die positiven sozioökonomischen Auswirkungen der Migration (vgl. Francisca Antman: *The Impact of Migration on Family Left Behind*, IZA DP No. 6374, 2016). Von den Rückzahlungen können zwar China, die Philippinen und Indien profitieren – auch nur unter Berücksichtigung der ökonomischen Besserstellung –, nicht aber die afrikanischen Länder (vgl. WB: *Migration and Remittance Factbook 2016 – Advanced Version*, 2016).

9 Immanuel Kant fordert in *Zum ewigen Frieden* (1795) ein Welthospitalitätsrecht, eine Art Nucleus eines Weltbürgertums.

10 Für Europa bzw. die EU wäre eine Rückkehr zum Dublin-Verfahren (für die Aufnahme ist jeweils das EU-Land zuständig, dessen Territorium als Erstes erreicht wird), aber – im Unterschied zur bisherigen Praxis – verbunden mit einer quotierten Verteilung auf alle EU-Länder, je nach Aufnahmefähigkeit, Größe, Wirtschaft etc., zu begrüßen. Die EU-Migrationspolitik kann sich aber nicht auf diejenigen beschränken, denen die Flucht bis an die EU-Außengrenzen

gelungen ist. Die europäische Staatengemeinschaft muss eine solidarische internationale Flüchtlingspolitik praktizieren, die den am meisten Schutzbedürftigen Priorität gibt, unabhängig davon, wo sie sich aufhalten.

VII. Ethische Aspekte der Wirtschaftsmigration

1 Besonders stringent bei dem Yale-Professor und Nobelpreisträger Robert J. Shiller, dessen Grundthese besagt, dass der Ort, wo man lebt, irrelevant wird, selbst für ortsfeste Menschen, da alle Transferkosten von Gütern und Dienstleistungen immer geringer werden und die Digitalisierung der Produktion die Produktionsstätte irrelevant mache. (Vgl. Robert J. Shiller: »Vor der anti-nationalen Revolution. Der Geburtsort wird in Zukunft nicht mehr über das Wohlergehen von Menschen entscheiden«, in: *Süddeutsche Zeitung* vom 27.09.2016, S. 2).

2 2012 erreichten die Abschiebungen in den USA mit 409 849 einen Höhepunkt. Seither ist die Anzahl der Abschiebungen wieder rückläufig (im Jahr 2015 wurden 235 413 Abschiebungen vorgenommen). Siehe dazu US Immigration and Custom Enforcement: *FY 2015 ICE Immigration Removals*, online verfügbar unter: https://www.ice.gov/removal-statistics (Letzter Zugriff 18.08.2016).

3 Wir beschränken uns im Folgenden auf die Arbeitsmigration, also auf Migrationsbewegungen, die vom Motiv geleitet sind, in anderen Ländern bessere Einkommensbedingungen vorzufinden. Den Sonderfall der »Einwanderung in die Sozialsysteme«, wie dies gelegentlich polemisch bezeichnet wird, klammern wir hier aus, obwohl damit nicht behauptet werden soll, dass dieser keinerlei Rolle spielt.

4 Zu den Details vgl. JNR: *Die Optimierungsfalle*, Kapitel I.5.

5 Robert Putnam: *Bowling Alone: The Collapse and Revival of American Community,* New York 2000.

6 Für die ökonomische Theorie sind das sperrige empirische Befunde, da sie mit der üblichen Interpretation des *Rational-choice*-Paradigmas ein verengtes Rationalitätskonzept zugrunde legt, das Kooperation grundsätzlich irrational macht. Ich

habe mich mit dieser Frage über Jahrzehnte intensiv auseinandergesetzt und will die Ergebnisse dazu hier nicht erneut präsentieren: vgl. JNR: »Practical Reason or Metapreferences? An Undogmatic Defense of Kantian Morality«, in: *Theory and Decision*, 30/2 (1991) S. 133–162, und *Strukturelle Rationalität*, 2001, Kapitel V.

7 Elenor Ostrom: *Was mehr wird, wenn wir teilen. Vom gesellschaftlichen Wert der Gemeingüter*, München: Oekom Verlag 2011.

8 Vgl. JNR: *Die Optimierungsfalle.*

9 Wenn wir hier von Effizienz reden, meine ich die Pareto-Effizienz, die folgendermaßen definiert ist: Eine Verteilung ist Pareto-effizient genau dann, wenn gilt, dass keine Person besser gestellt werden könnte, ohne eine andere Person schlechter zu stellen. Vgl. Lucian Kern/JNR: *Logik kollektiver Entscheidungen*, Berlin 2015.

10 Vgl. Gøsta Esping-Andersen: *The Three Worlds Of Welfare Capitalism*, New Jersey 1990.

11 In Europa haben die Verfassungsgerichte eine Amerikanisierung der Arbeitsmigration bisher konsequent unterbunden. Die Einschränkung oder der Ausschluss von Sozialhilfe für Immigranten wurde in mehreren Entscheiden für ungültig erklärt. Allerdings korrespondiert diese Differenz zwischen europäischer und amerikanischer Einwanderungspolitik mit einer sehr viel höheren Arbeitslosigkeit in Europa. Die Arbeitslosenquote für nicht in den USA Geborene lag 2015 bei 4,9 %, wohingegen die Arbeitslosenquote für Nicht-EU-Bürger in der EU 2013 bei 21,3 % lag. (Vgl. Bureau Of Labor Statistics: *Labor Force Characteristics of Foreign-born Workers Summary* vom 19.05.2016, online verfügbar unter: http://www.bls.gov/news.release/forbrn.nr0.htm [Letzter Zugriff 08.11.2016]).

12 Betrachtet man die Wählerpräferenzen, so fällt auf, dass sich unter den Wählern der NPD und unter den Nichtwählern die größte Gruppe der Armen findet. Ein Sechstel der Wähler der NPD und ein Fünftel der Nichtwähler haben ein Einkommen unter 1000 Euro. (Vgl. Elmar Brähler/Oliver Decker: *Die Parteien und das Wählerherz 2014 – »Die Mitte-Studien« der Universität Leipzig*, Meinungsforschungsinstitut

USUMA, Berlin 2014, online verfügbar unter: http://www.
interkulturellewoche.de/sites/default/files/uploadsfiles/Braeh-
ler_Waehlerherz_2014(4)%20-%20Kopie(1).pdf [Letzter Zugriff
13.10.2016]). Auch die Landtagswahlen in Sachsen zeigen
dieses Muster hinsichtlich der AfD: 37 % der Arbeiter und
38 % der Arbeitslosen in Sachsen-Anhalt stimmten im März
2016 für die AfD. Interessant hierbei ist auch, dass 34 % der
AfD-Wähler bei den Landtagswahlen in Baden-Württemberg
2016 einen Migrationshintergrund aufwiesen. Dies lässt
vermuten, dass Gründe, die AfD zu wählen, wenig mit Rassismus zu tun haben, sondern überwiegend wirtschaftliche
und soziale Ängste artikulieren. (Vgl. Tobias Lill.: »Alternative
für Arme – So macht die soziale Ungleichheit die AfD stark«,
in: *The Huffington Post* vom 21.03.2016, online verfügbar
unter: http://www.huffingtonpost.de/2016/03/21/alternative-
fur-arme–so-_n_9514946.html [Letzter Zugriff 14.10.2016] und
Deutschlandfunk vom 14.05.2016: »Christoph Butterwegge im
Gespräch mit Martin Zagatta: Armutsforscher Butterwegge
gibt SPD Mitschuld am Aufstieg der AfD«, online verfügbar unter: http://www.deutschlandfunk.de/sozialpolitik-
armutsforscher-butterwegge-gibt-spd-mitschuld.694.
de.html?dram:article_id=354134 [Letzter Zugriff 14.10.2016]).
Gesine Schwan befürchtet daher, dass der starke Zuwachs an
Wählerstimmen der AfD darauf verweist, dass die mittlere
Schicht nun zunehmend vom Fremdenhass betroffen ist,
da diese im Gegensatz zu den Armen noch etwas verlieren
kann. (Vgl. Gesine Schwan: »Fremdenhass. Pegida ist überall«,
in: *Die Zeit,* Nr. 1 / 2015 vom 30.12.2014). Allerdings steht zu
vermuten, dass die politische Lage bei hoher und steigen-
der Arbeitslosigkeit, wie sie ohne die Agenda-Reformen zu
erwarten war, noch dramatischer wäre.

13 Vgl. William Brown: *Der gesetzliche Mindestlohn in Großbritan-
    nien,* Referat Westliche Industrieländer der Friedrich-Ebert-
    Stiftung 2007.

14 Vgl. Christian Dustmann et al.: »The Effect of Immigration
    along the Distribution of Wages«, in: *The Revue of Economic
    Studies,* 80 / 1 (2013) S. 145–173.

15 Bis 1973 ein Anwerbestopp ausgesprochen wurde, waren
    4 Millionen ausländische Gastarbeiter nach Deutschland

gekommen (siehe dazu Wolfgang Seifert: *Die Geschichte der Zuwanderung nach Deutschland nach 1950*, bpb 2012, online verfügbar unter: http://www.bpb.de/politik/grundfragen/deutsche-verhaeltnisse-eine-sozialkunde/138012/geschichte-der-zuwanderung-nach-deutschland-nach-1950?p=all [Letzter Zugriff 13.10.2016]).

16 Die Arbeitslosenquote der Bevölkerung mit asiatischem Migrationshintergrund in den USA liegt unter dem der durchschnittlichen von 5,0 % im September 2016 und ist die niedrigste Arbeitslosenquote mit 3,9 %. Dieser Trend ist bereits seit über zehn Jahren zu beobachten. Die höchste Arbeitslosenquote weisen African Americans mit 8,3 % auf. (Vgl. Bureau Of Labor Statistics: *Labor Force Statistics from the Current Population Survey*, online verfügbar unter: http://data.bls.gov/cgi-bin/surveymost?ln [Letzter Zugriff 14.10.2016]).

17 Vgl. Paul Collier: *Exodus. Warum wir Einwanderung neu regeln müssen,* München: Siedler Verlag 2014, S. 129.

18 Nach dem Statistischen Bundesamt sind 2015 1,1 Millionen Personen zugewandert. Darunter sind hauptsächlich Personen aus Syrien, Afghanistan und dem Irak. Allerdings überwogen bis ins erste Halbjahr 2015 noch Personen aus Bulgarien, Rumänien und den Balkanstaaten. Zu weit geringeren Anteilen sind Personen aus Nord- oder Zentralafrika zugewandert. (Vgl. Pressemitteilung Nr. 105 vom 21.03.2016, online verfügbar unter: https://www.destatis.de/DE/PresseService/Presse/Pressemitteilungen/2016/03/PD16_105_12421.html [Letzter Zugriff 13.10.2016]).

19 Vgl. Bundesamt für Migration und Flüchtlinge (September 2016): *Aktuelle Zahlen zu Asyl.*

20 Im Jahr 1970 / 72 (hier nur Westdeutschland) lag die Lebenserwartung bei Frauen noch bei 79 Jahren und hat sich seither auf 85 Jahre (2008 / 2012) erhöht bzw. bei Männern von 75 Jahre auf 81 Jahre. (Vgl. Bundeszentrale für politische Bildung: *Lebenserwartung*, online verfügbar unter: http://www.bpb.de/nachschlagen/zahlen-und-fakten/soziale-situation-in-deutschland/61547/lebenserwartung [Letzter Zugriff 04.11.2016]).

21 Vgl. Bundesamt für Arbeit: *Arbeitsmarkt kompakt: Fluchtmigration*, 2016, S. 8.

22 Insbesondere waren Nicht-EU-Bürger im Alter von 20 bis 64 Jahren mit einer deutlich höheren Arbeitslosenquote und einer niedrigeren Erwerbstätigenquote als Staatsbürger konfrontiert (vgl. Eurostat: *Erwerbsquote bei Nicht-EU-Bürgern niedriger als bei Staatsbürgern,* http://ec.europa.eu/eurostat/documents/2995521/7437906/3-06062016-AP-DE.pdf [Letzter Zugriff 13.10.2016]).

23 Im Jahr 2013 lag die Arbeitslosenquote in der EU für Nicht-EU-Bürger bei 21,3 % und war mehr als doppelt so hoch wie für Staatsbürger des Meldelandes (10,0 %). Für Nicht-Staatsbürger des Meldelandes lag die Arbeitslosenquote bei 17,5 %, hierunter fallen auch Personen aus dem EU-Ausland. (Vgl. Eurostat: *Integration von Migranten in den Arbeitsmarkt im Jahr 2013. Arbeitslosenquote für Nicht-EU-Bürger deutlich höher als für Staatsbürger in der EU,* online verfügbar unter: http://europa.eu/rapid/press-release_STAT-14-119_de.pdf [Letzter Zugriff 17.11.2016]). Von den 2,17 Millionen Arbeitslosen in Deutschland (Dezember 2013) mit Angaben zum Migrations-status haben mit 770 000 deutlich mehr als ein Drittel (36 %) einen Migrationshintergrund. 595 000 (27 %) haben eigene Migrationserfahrung, was bedeutet, dass sie außerhalb Deutschlands geboren sind. (Vgl. Bundesagentur für Arbeit: *Arbeitsmarktberichterstattung, Juni 2014 Der Arbeitsmarkt in Deutschland – Menschen mit Migrationshintergrund auf dem deut-schen Arbeitsmarkt,* online verfügbar unter: https://statistik.arbeitsagentur.de/Statischer-Content/Arbeitsmarktberichte/Personengruppen/generische-Publikationen/Broschuere-Migranten-2014-07.pdf [Letzter Zugriff 17.11.2016]). In den USA verhält es sich umgekehrt: Einer Arbeitslosenquote von 6,1 % steht eine Arbeitslosenquote der im Ausland Geborenen von 5,8 % gegenüber. (Vgl. OECD: *Foreign-born unemployment,* online verfügbar unter: https://data.oecd.org/migration/foreign-born-unemployment.htm und OECD: *Unemployment rate,* online verfügbar unter: https://data.oecd.org/unemp/unemployment-rate.htm [Letzter Zugriff 11.11.2016]).

24 So hatte der Vorstandsvorsitzende Zetsche von Daimler auch die Öffnungsentscheidung deswegen enthusiastisch begrüßt, weil der Industrie die Arbeitskräfte in Deutschland ausgingen, musste dann aber ein Jahr später einräumen, dass

Daimler nur eine verschwindend kleine Zahl von Flücht-
linge eingestellt hat. (Vgl. »Daimler-Chef Zetsche: Flücht-
linge könnten Wirtschaftswunder bringen«, in: *Frankfurter
Allgemeine Zeitung Net* vom 15.09.2015 und Sven Astheimer:
»Dax-Konzerne stellen nur 54 Flüchtlinge ein«, in: *Frankfurter
Allgemeine Zeitung Net* vom 03.07.2016).

25 Vgl. Holger Bonin: *Wage and Employment Effects of Immigration
to Germany: Evidence from a Skill Group Approach*, IZA Discussion Paper Series No. 1875, 2005.

26 So verfügten 2013 39 % der Einwanderer über eine Hochschulbildung, 26 % über eine Berufsausbildung und 26 %
über keine Ausbildung. Die meisten der Einwanderer mit
Hochschulbildung kamen jedoch aus den alten EU-Ländern
(vgl. Institut für Arbeitsmarkt- und Berufsforschung [2015]:
Die Qualifikationsstruktur der Zuwanderer, S. 5 – 6).

27 Unter den Asylberechtigten und anerkannten Flüchtlingen
aus Syrien, Afghanistan und dem Irak ist ein Anteil von rund
13 % im arbeitsmarktrelevanten Alter als nicht qualifiziert
einzuordnen, etwas mehr als die knapp 10 % höher qualifizierten Personen. Rund 7 % weisen schulische und berufliche
Qualifikationen auf, die sich zwischen diesen beiden Extremen bewegen. (Vgl. Susanne Worbs/Eva Bund: *Asylberechtigte
und anerkannte Flüchtlinge in Deutschland. Qualifikationsstruktur, Arbeitsmarktbeteiligung und Zukunftsorientierungen,* BAMF
Kurzanalyse 1/2016).

28 Frédéric Docquier/Hillel Rapoport: »Globalization, Brain
Drain and Development«, in: *Journal of Economic Literature,*
50/3 (2012), S. 681 – 730.

29 Vgl. Siobhán O'Grady: »U.N. Fears an Afghan ›Brain Drain‹
as Taliban Surge Sparks Mass Exodus to Europe«, in:
FP – foreignpolicy vom 13.10.2015, online verfügbar unter:
http://foreignpolicy.com/2015/10/13/u-n-fears-an-afghan-brain-
drain-as-taliban-surge-sparks-mass-exodus-to-europe/ (Letzter
Zugriff 24.10.2016).

30 Paul Collier hat in *Exodus* (2014) gegen eine weitere Zunahme
der Migration mit einer ganzen Reihe von ökonomischen
Fakten argumentiert. Das entscheidende und bei ihm
überzeugendste Argument ist das des sinkenden Grenznut-
zens für die Auswanderungsgesellschaften. Immigration im

kleinen Umfange hat nach Collier für diese zunächst positive Effekte, die sich aber ab einer bestimmten Schwelle umkehren, und dieser Umkehrpunkt tritt umso früher ein, je ärmer die Gesellschaft ist, aus der die Auswanderung stattfindet.

31 2015 liegen die Rückzahlungen nach Sub-Sahara-Afrika meist unter 1 – 3 Millionen US $ für 2015 – Nigeria stellt die einzige Ausnahme dar mit 20,8 Mio. US $. (Vgl. WB: *Migration and Remittance Factbook 2016 – Advanced Version*, 2016; Wolf Krug / Marlene Barnard: *Flucht und Migration in Afrika. Ursachen, Umfang und Herausforderungen*, AMEZ Argumente und Materialien der Entwicklungszusammenarbeit, Hanns-Seidel-Stiftung 2016 sowie Ralph Wrobel: »Der deutsche Arbeitsmarkt zwischen Fachkräftemangel und Immigration: Ordnungspolitische Perspektiven in der Flüchtlingskrise«, Diskurs 2016 – 1, *Ordnungspolitische Diskurse – Discourses in Social Market Economy*, Zwickau 2016.

32 Vgl. Frédéric Docquier: »The Brain Drain from Developing Countries«, in: *IZA World of Labor*, 31 (2014). Christopher Wellmann: »Immigration and freedom of association«, in: *Ethics*, 119/1 (2008), S. 109–141 oder Kieran Oberman: »Poverty and Immigration Policy«, in: *American Political Science Review*, 109/2 (2015) S. 239–251. Weitere Beiträge zu dieser Debatte in: *Migration in Political Theory. The Ethics of Movement and Membership*, hrsg. von Sarah Fine / Lea Ypi, Oxford (2016).

33 Luara Ferracioli: »Immigration, Self-determination, and the Brain-Drain«, in: *Review of International Studies*, 41/1 (2015), S. 99–115.

34 Vgl. William J. Wilson: *When work disappears. The world of the new urban poor*, New York 1996.

35 Vgl. Benjamin Powell (Hrsg.): *The Economics of Migration*, New York 2015.

36 Interessanterweise gibt es in vielen asiatischen Ländern, u. a. Sri Lanka (Ministry of Foreign Employment) und Kambodscha (Ministry of Labour and Vocational Training), staatliche Institutionen, welche die Arbeitsmigration fördern und die Migration auch durchführen. Es gilt hier, die Migrationsbedingungen zu verbessern (Auswanderung und Rückwanderung), den Arbeitsmigranten auch im Ausland z. B. vor Ausbeutung zu schützen und ihm auch bei der Einrichtung

seiner persönlichen Infrastruktur behilflich zu sein, z.B. bei der Einrichtung eines Bankkontos etc. (vgl. Max Tunon/ Khleang Rim: *Cross-border labour migration in Cambodia: Considerations for the national employment policy*, ILO Asia-Pacific Working Paper Series 2013).

37 Es ist keine einfache Frage, wie diese ethische Forderung rechtlich und politisch umgesetzt werden kann. Gillian Brock hat sich mit dieser Frage intensiv auseinandergesetzt, vgl. Gillian Brock/Michael Blake: *Debating Brain-Drain: May Governments Restrict Migration?*, New York: Oxford University Press 2015. Ich würde ein internationales Rahmenabkommen unter der Ägide der Vereinten Nationen befürworten, das diese internationalen Ausgleichszahlungen etabliert und ggf. sanktioniert. Es ist nicht einzusehen, dass sich die Staatengemeinschaft oder Teile davon auf Regeln des globalen Marktes für Güter und Dienstleistungen verständigen können, aber nicht auf Regeln des globalen Arbeitsmarktes. Die ILO, aber auch die WTO sind in die Verhandlungen einzubeziehen, um die nötige Akzeptanz zu erreichen.

38 Auch der Kommissionsbericht der Süßmuth-Kommission wird diesen beiden miteinander verschränkten ethischen Kriterien nicht gerecht. (Vgl. Bericht der unabhängigen Kommission »Zuwanderung«: *Zuwanderung gestalten. Integration fördern*, vom 04.07.2001).

VIII: Sieben ethische Postulate für die Migrationspolitik

1 William V. O. Quine: »Two Dogmas of Empiricism«, in: *The Philosophical Review* 60 (1951), S. 20–43 (reprinted in [1953, 1961]: *From a Logical Point of View*, Harvard University Press) (deutsch u.d.T. »Zwei Dogmen des Empirismus«, in: *Von einem Logischen Standpunkt. Neun logisch-philosophische Essays*, Berlin: Ullstein Taschenbuchverlag 1984, S. 27–50).

2 Wolfgang Stegmüller: *Das Dritte Dogma des Empirismus. Das ABC der modernen Logik und Semantik. Der Begriff der Erklärung und seine Spielarten (Probleme und Resultate der Wissenschaftstheorie und Analytischen Philosophie)*, Berlin: Springer ²1982.

3 Selbst diese zurückhaltende Charakterisierung ist unterdessen durch die Entstehung einer sogenannten experimentellen Philosophie nicht mehr unumstritten. (Vgl. z. B. Joshua Knobe/Shaun Nichols: *Experimental Philosophy*, Volume I, Oxford 2008.

4 Vgl. Vorwort zu den philosophischen Essays der Gesellschaft für analytische Philosophie, in: Thomas Grundmann/Achim Stephan (Hrsg.): *Welche und wie viele Flüchtlinge sollen wir aufnehmen? Philosophische Essays*, Stuttgart: Reclam 2016.

5 Die Migrationspolitik der Bundesregierung und der Kanzlerin genügen diesem Postulat ganz offenkundig nicht: Es gab keine öffentliche Beratung vor der fundamentalen Änderung der Migrationspolitik im September 2015, keine EU-weite Abstimmung und keine programmatische und langfristige Fundierung der dann eingeleiteten Politik über Monate, die schließlich gegen den Willen der Kanzlerin durch Entscheidungen Österreichs und der Visegrád-Staaten (sog. Schließung der Balkanroute) an Wirksamkeit verlor.

6 Vgl. Holger Bonin: *Wage and Employment Effects of Immigration to Germany: Evidence from a Skill Group Approach*, IZA Discussion Paper Series No. 1875, 2005 sowie Philip Plickert: »Gestiegenes Armutsrisiko. Arme Zuwanderung lässt Mittelschicht schrumpfen«, in: *Frankfurter Allgemeine Zeitung Net* vom 06.05.2016.

7 Jan Drebes: »Öffentliche Schulen unter Druck. Erfolg der Privatschulen macht der Politik Sorgen«, in: *RP Online* vom 22.04.2015, online verfügbar unter: http://www.rp-online.de/politik/erfolg-der-privatschulen-macht-der-politik-sorgen-aid-1.5033185 (Letzter Zugriff 18.10.2016); Manfred Weiß: »Weniger Privatschulen! Über den Privatschulboom darf sich der Staat nicht beschweren, ist er mit seiner Bildungspolitik doch selbst für den Trend verantwortlich«, in: *The European* vom 03.07.2015, online verfügbar unter: http://www.theeuropean.de/manfred-weiss/10241-die-expansion-der-privatschule-stoppen (Letzter Zugriff 18.10.2016).

8 Ich verwende bewusst diesen Terminus aus der Frühzeit der Gastarbeiterpolitik in Europa in den 1950er und 1960er Jahren.

9 Gillian Brock/Michael Blake: *Debating Brain-Drain: May*

Governments Restrict Migration?, New York: Oxford University Press 2015.

10 Vgl. Collier: *Exodus*, 2014, Kapitel IV.

11 Im folgenden Kapitel wird diese Frage ausführlicher erörtert.

IX. Legitimation von Grenzen

1 Robert Nozick: *Anarchy. State. Utopia*, New York 1974 (deutsch u. d. T. *Anarchie. Staat. Utopia*).

2 Peter Singer: *One World. The Ethics of Globalization*, New Haven 2004.

3 Joseph Carens: *The Ethics of Immigration*, Oxford 2013 oder Andreas Cassee in seiner soeben als Buch erschienenen Dissertation (Zürich 2014): *Globale Bewegungsfreiheit. Ein philosophischer Essay für offene Grenzen*, Berlin 2016. Cassee kritisiert kommunitaristische (Walzer) und nationalistische (Miller, Kymlicka) Thesen gegen »open borders« unter Rückgriff auf libertäre und liberalistische Argumente. Vgl. dazu David Miller: *Strangers in our Midst. The Political Philosophy of Immigration*, Cambridge/London 2016 und Will Kymlicka: *Multicultural Citizenship. A Liberal Theory of Minority Rights*, Oxford 1995. Eine Zusammenstellung von Beiträgen zu dieser Debatte findet sich in: *Migration und Ethik*, hrsg. von Andreas Cassee/Anna Goppel, Münster: mentis 2012.

4 Hier gehen die Kalkulationen natürlich stark auseinander. Wenn man den Familiennachzug für Immigranten zulässt (schon aus Gründen der sozialen und der Geschlechterbalance, aber auch aus Gründen der Humanität liegt das nahe), müsste mittelfristig damit gerechnet werden, dass je nach Zusammensetzung der einwandernden Gruppe zwei bis vier Personen in den Folgejahren nachziehen. Bei einer Einwanderung im monatlichen Umfang, wie er sich nach der Öffnungsentscheidung der deutschen Bundeskanzlerin bis zur Schließung der Balkanroute durch die Visegrád-Staaten zeigte, würde sich die in Deutschland lebende Bevölkerung in den nächsten zehn Jahren in etwa verdoppeln. Auch wenn dies eine massive Belastung der sozialen Sicherungssysteme und der wirtschaftlichen Leistungskraft pro Kopf bedeuten

würde, ist anzunehmen, dass auch nach einer derart massiven Veränderung der Lebensstandard in Deutschland weit höher wäre als in den Ursprungsländern der Zugewanderten.

5 Vgl. Judith J. Thomson: »A Defense of Abortion«, in: *Philosophy & Public Affairs,* 1/1 (1971), S. 47–66.

6 Hier liegt der Einwand nahe, dass eine (Staats-)Bürgerschaft kein freiwilliger Zusammenschluss, sondern eine Zwangsgemeinschaft sei, die sich die allermeisten, die ihr angehören, nicht ausgesucht haben. Dies gilt aber nur hinsichtlich der Staatsangehörigkeit bei Geburt, die demokratische Staatsbürgerschaft als eine Form politischer Gemeinschaft und geteilter Praxis bezieht ihre Legitimation aus einem Konsens höherer Ordnung, einem geteilten Gerechtigkeitssinn. Dies ist jedenfalls der Kern der sogenannten vertragstheoretischen Rechtfertigung demokratischer Institutionen und Herrschaftsformen. Erst die faktische, implizite oder jedenfalls hypothetische Zustimmung aller Bürgerinnen und Bürger stiftet demokratische Legitimation. Diese (vertragstheoretische) Denkfigur aus dem 17. und 18. Jahrhundert (Hobbes, Locke, Rousseau, Kant) wurde 1971 von John Rawls mit seinem epochalen Werk *A Theory of Justice* (deutsch u. d. T. *Eine Theorie der Gerechtigkeit,* erschienen bei Suhrkamp) erneuert, was weitere – konkurrierende – vertragstheoretische Konzeptionen in der politischen Philosophie anregte, u. a. James Buchanan: *The Limits of Liberty. Between Anarchy and Leviathan*, Chicago 1974 (deutsch u. d. T. *Die Grenzen der Freiheit. Zwischen Anarchie und Leviathan,* erschienen bei Mohr Siebeck), Robert Nozick: *Anarchy. State. Utopia*, New York 1974 (deutsch u. d. T. *Anarchie. Staat. Utopia*) und David Gauthier: *Morals By Agreement*, Oxford 1986. Vgl. dazu auch meine Überlegungen in: *Demokratie als Kooperation*, Frankfurt a. M.: Suhrkamp 1999.

7 Alasdair MacIntyre: »Ist Patriotismus eine Tugend?«, in: Axel Honneth (Hrsg.): *Kommunitarismus*, S. 84–102.

8 Vgl. JNR: *Kritik des Konsequentialismus* und Bernard Williams/ John J. C. Smart: *Utilitarianism. For and Against*, Cambridge 1973.

9 Vgl. z. B. Jonathan Moses: *International Migration. Globalizations's Last Frontier.*

10 Vgl. Ulrich Beck: *Der kosmopolitische Blick* und Ulrich Beck/
Edgar Grande: *Das kosmopolitische Europa*, Frankfurt a. M.:
Suhrkamp 2004.

11 Diese Bezeichnung spielt auf die gleiche Ursprungsregion an,
die ihre Gemeinsamkeiten, aber auch Unverträglichkeiten
erklärt.

X. Auf dem Weg zu einer gerechteren Welt

1 Amartya Sen: *The Idea of Justice,* Cambridge/MA 2009
(deutsch u. d. T. *Die Idee der Gerechtigkeit,* erschienen bei
C. H. Beck).

2 John Rawls: *Eine Theorie der Gerechtigkeit,* Frankfurt a. M.:
Suhrkamp 1995.

3 Der wichtigste Beitrag dazu besteht in dem von Sen bewiese-
nen liberalen Paradoxon, das zeigt, dass individuelle Rechte
und kollektive Effizienz (Pareto-Effizienz) unverträglich sind:
Vgl. *Collective Choice and Social Welfare*, San Francisco 1970,
Kapitel VI und VI* und Lucian Kern/JNR: *Logik kollektiver
Entscheidungen*, Kapitel XI. Diese und andere Studien führen
Sen schließlich zu einer radikalen Kritik der üblichen öko-
nomischen Optimierungstheorie: »Rational Fools: A Critique
of the Behavioral Foundations of Economic Theory«, in:
Philosophy & Public Affairs 6/4 (1977), S. 317–344.

4 Vgl. Eric Voegelin: *Die politischen Religionen*, München: Opitz
1993 [1938].

5 Vgl. JNR: *Humanistische Reflexionen*, Kapitel V.

6 Vgl. Kwame A. Appiah: *Cosmopolitanism. Ethics in a World
of Strangers*, New York 2006 (deutsch u. d. T. *Der Kosmopolit.
Philosophie eines Weltbürgertums,* erschienen bei C. H. Beck).

7 »Homo homini lupus« (Thomas Hobbes in: *De homine* 1658).

8 Dies scheint mir übrigens der Kern der Auseinandersetzung
um internationale Handelsverträge zu sein: Gelingt es
Unternehmen, gleichberechtigt neben Staaten Akteure zu
werden, oder gilt das Primat der Politik auch im globalen
Wirtschaftsgeschehen?

9 Wenn wir hier von globalem Norden und globalem Süden
sprechen, dann muss immer auch mitgedacht werden, dass

es in Gestalt der Schwellenländer und der ökonomischen Dynamik, auch in ärmeren Weltregionen, zwischen den extremen Polen eine Vielzahl von Übergängen gibt und Länder, die noch vor einiger Zeit in großer Abhängigkeit standen, selbst zu starken Akteuren des Weltgeschehens werden konnten, wie etwa die Wirtschaftsgeschichte Südkoreas seit dem Zweiten Weltkrieg belegt.

10 Die Vereinten Nationen luden im Jahr 1992 zu einer Konferenz über Umwelt und Entwicklung in Rio de Janeiro ein. Nachfolgekonferenzen zu diesem als »Rio-Konferenz« oder auch als »Erdgipfel« bekannt gewordenen Treffen fanden 1997 in New York (»Rio+5«), 2002 in Johannesburg (»Rio+10«) und 2012 wieder in Rio statt (»Rio+20«). Mit der Leitidee einer nachhaltigen Entwicklung wurde durch die Rio-Konferenz 1992 ein ganzheitlicher und globaler Ansatz entwickelt. Im Anschluss an die Konferenz haben alle entwicklungsrelevanten internationalen Beschlüsse, Verträge und Aktionsprogramme anerkannt, dass wirtschaftliche Entwicklungen ohne Rücksichtnahme auf die drei Dimensionen der Nachhaltigkeit (soziale Gerechtigkeit, wirtschaftliche Leistungsfähigkeit, ökologische Tragfähigkeit) unkalkulierbare Umweltgefährdungen und politische Risiken mit sich bringen. (Vgl. Bundesministerium für wirtschaftliche Zusammenarbeit und Entwicklung: *Der Weg zur Agenda: Die Nachhaltigkeitsagenda und die Rio-Konferenzen,* http://www.bmz.de/de/ministerium/ziele/2030_agenda/ historie/rio_plus20/index.html [Letzter Zugriff 24.10.2016]). Auf die Klimarahmenkonvention, die, im Anschluss an den Erdgipfel 1992, 1994 unterzeichnet wurde, folgten jährliche Klimagipfel. (Vgl. Bundesministerium für Umwelt, Naturschutz, Bau und Reaktorsicherheit: *Etappen der UN-Klimagipfel,* http://www.bmub.bund.de/themen/klima-energie/ klimaschutz/internationale-klimapolitik/un-klimakonferenzen/ergebnisse-der-un-klimakonferenzen/ [Letzter Zugriff 24.10.2016]).

11 Deswegen habe ich bei der Berlin-Brandenburgischen Akademie der Wissenschaften eine Interdisziplinäre Arbeitsgruppe *Internationale Gerechtigkeit und institutionelle Verantwortung* beantragt, die die wissenschaftlichen Aspekte

im Austausch von Philosophie, Politikwissenschaft und Jurisprudenz diskutieren soll; sie hat im Juli 2016 ihre Arbeit aufgenommen.

12 Vgl. z. B. Sophal Ear: *Aid Dependence in Cambodia. How Foreign Assistance Undermines Democracy,* Cambridge 2012; William Easterly: *The white man's burden: why the West's efforts to aid the rest have done so much ill and so little good,* London 2006; Claudia R. Williamson: »Exploring the Failure of Foreign Aid: The Role of Incentives and Information«, in: *The review of Austrian economics,* 23/1 (2010) S. 17–33.

13 Johan Galtung: *Strukturelle Gewalt. Beiträge zur Friedens- und Konfliktforschung,* München: VS Verlag für Sozialwissenschaften 1982.

14 Das Entwicklungshilfebudget der Welt umfasst 162 Milliarden US $. 47 Milliarden US $ gehen an Sub-Sahara-Afrika. (Vgl. WB: *World Development Indicators,* online verfügbar unter: http://databank.worldbank.org/data/reports. aspx?source=2&series=DT.ODA.ALLD.CD&country= [Letzter Zugriff 08.11.2016]).

15 Vgl. Sebastian B. Fuchs: »Der Westen muss in Afrika für seine Werte eintreten«, in: *Zeit online* vom 04.02.2013, online verfügbar unter: http://www.zeit.de/wirtschaft/2013-01/afrika-entwicklungsarbeit-investitionen-demokratie (Letzter Zugriff: 16.11.2016); Helmut Asche/Margot Schöller: *Chinas Engagement in Afrika – Chancen und Risiken für Entwicklung,* gtz 2008, online verfügbar unter: https://www.giga-hamburg.de/sites/ default/files/publications/studie_chinas_engagement_in_ afrika.pdf (Letzter Zugriff: 16.11.2016).

16 Ich meine hier, dass zum Beispiel zur Zeit des Ersten Weltkrieges, auch zur Zeit des Zweiten Weltkrieges die relative Situation der südamerikanischen Wirtschaft weit günstiger war als in der Phase der politischen Dominanz der USA und Europas nach dem Zweiten Weltkrieg. Eine Dominanz, die die USA genutzt haben, um über Militärregime in Südamerika Abhängigkeiten aufzubauen und bis in die 1980er Jahre hinein zu perpetuieren. Die Dependencia-Theorien haben daraus den Schluss gezogen, dass die Süd-Süd-Kooperation im Mittelpunkt stehen müsse, um diese Abhängigkeiten aufzubrechen, ja, in radikalen Varianten wurde sogar eine

Abkoppelung der nationalen Ökonomien des Südens vom Weltmarkt empfohlen. Diese Strategie kann allerdings heute als gescheitert angesehen werden.

17 Vgl. Internationaler Pakt über wirtschaftliche, soziale und kulturelle Rechte und Internationaler Pakt über bürgerliche politische Rechte vom 19.12.1966.

18 So wurden bei einem taiwanesischen Zulieferer mit 60 000 Arbeitern von Apple in Schanghai 23 Verstöße gegen Arbeitsbedingungen beanstandet, u. a. an zu niedrigen Löhnen, zu langen Schichten und zu schlechten Unterkünften. (Vgl. »Apple-Arbeitsbedingungen. Schimmel, Wanzenbisse und eine 60-Stunden-Woche«, in: *Handelsblatt* vom 23.10.2015, online verfügbar unter: http://www.handelsblatt.com/ unternehmen/it-medien/apple-arbeitsbedingungen-schimmel-wanzenbisse-und-eine-60-stunden-woche/12489460.html [Letzter Zugriff: 16.11.2016] und *China Labor Watch*: »Apple is the Source of Mistreatment of Chinese Workers« vom 24.08.2016, online verfügbar unter: http://www.chinalaborwatch.org/report/120 [Letzter Zugriff 19.10.2015]). Ein weiteres erschreckendes Beispiel für desaströse Arbeitsbedingungen in einer globalisierten Welt liefert die Textilindustrie. Vor allem in Bangladesch, Pakistan, Indien und China wird Bekleidung angefertigt. Auch hier gibt es zahlreiche Verstöße gegen die Arbeitsbedingungen, welche von zu niedrigen Löhnen, zu langen Arbeitszeiten bis hin zu gesundheits- und lebensgefährdenden Arbeitsbedingungen reichen (vgl. Bundesministerium für Entwicklung und wirtschaftliche Zusammenarbeit: *Arbeitsbedingungen in der globalisierten Textilwirtschaft*, online verfügbar unter: https://www.bmz.de/ de/themen/textilwirtschaft/hintergrund/index.html [Letzter Zugriff 19.10.2015]).

19 Die Internationale Arbeitsorganisation (ILO) ist eine Sonderorganisation der Vereinten Nationen mit Hauptsitz in Genf. Sie ist zuständig für die Formulierung und Durchsetzung internationaler Arbeits- und Sozialstandards. Die weltweit geltenden Mindeststandards sollen die Rechte bei der Arbeit und damit menschenwürdige Arbeit für alle Menschen auf der Welt sicherstellen. Vgl. http://www.ilo.org/global/lang–en/ index.htm

20 Die *Charta der Vereinten Nationen* wurde am 26. Juni 1945 durch 50 der 51 Gründungsmitglieder in San Francisco unterzeichnet. Sie ist der Gründungsvertrag (die Verfassung) der Vereinten Nationen und enthält auch das Statut des Internationalen Gerichtshofs. Die Charta als völkerrechtlicher Vertrag bindet alle Mitglieder aufgrund der entsprechenden Bestimmungen des Völkerrechts. Kapitel VI umfasst »Die friedliche Beilegung von Streitigkeiten« (Art. 33–38) und Kapitel VII die »Maßnahmen bei Bedrohung oder Bruch des Friedens und bei Angriffshandlungen« (Art. 39–51). (Vgl. UN: *Charter of the United* Nations, online verfügbar unter: http://www.un.org/en/charter-united-nations/index.html [Letzter Zugriff 21.10.2016]).

21 Vgl. »Richtet euch doch selbst – Dauerpräsident Yoweri Museveni wirft Europa Arroganz vor und kündigt den Rückzug der Afrikaner vom Internationalen Strafgerichtshof an«, in: *Der Spiegel* 24/2016.

22 United Nations High Commissioner for Refugees.

Nachwort: Verfestigungen und Verflüssigungen

1 Immanuel Kant: *Zum ewigen Frieden.*
2 Eric Voegelin: *Politische Religionen.*

Julian Nida-Rümelin
Philosoph und Kulturpolitiker

Foto: Bernd Euring

Julian Nida-Rümelin
Der Akademisierungswahn
Zur Krise beruflicher
und akademischer Bildung

256 Seiten | Klappenbroschur
Euro 16,– (D)
ISBN 978-3-89684-161-2
Auch als E-Book erhältlich

Irrwege der Bildungspolitik

Julian Nida-Rümelin warnt eindringlich vor dem aktuellen
Akademisierungstrend und plädiert für eine neue Wert-
schätzung der beruflichen Bildung. Mit klaren Worten und ein-
deutigen Fakten zeigt der Philosoph Nida-Rümelin auf, warum
der »Akademisierungswahn« am Ende sowohl die berufliche wie
auch die akademische Bildung beschädigen wird. Dabei sind
beide Ausbildungen zwar unterschiedliche, aber gleichwertige
Wege zu einem gemeinsamen Ziel: jede Person nach ihren
Begabungen und Interessen zu bilden.

www.edition-koerber-stiftung.de

Benjamin Dürr
Völkerstrafrechtler

Foto: privat

Benjamin Dürr
Im Namen der Völker
Der lange Kampf des
Internationalen Strafgerichtshofs

232 Seiten | Klappenbroschur
Euro 16,– (D)
ISBN 978-3-89684-192-6
Auch als E-Book erhältlich

Auf den Sieg des Rechts vertrauen

In Den Haag werden Kriegsverbrechen und schwerste Verbre-
chen gegen die Menschlichkeit verhandelt. Präsidenten, hoch-
rangige Militärs und Rebellenführer müssen sich hier verant-
worten. Ein Novum in der Menschheitsgeschichte: Recht soll an
die Stelle von Rache treten.

Benjamin Dürr verbindet Analyse und Reportagen, spricht mit
Anwälten, die brutale Milizenanführer vertreten; mit Richtern,
die ein gerechtes Urteil finden müssen; mit Anklägern, Ermitt-
lern und Menschenrechtsaktivisten. Sein Buch ist ein aufrütteln-
des Porträt dieses ersten säkularen Weltgerichts.

www.edition-koerber-stiftung.de